Saison de 1894

Extrait des Mélodies

SCÈNES JOYEUSES

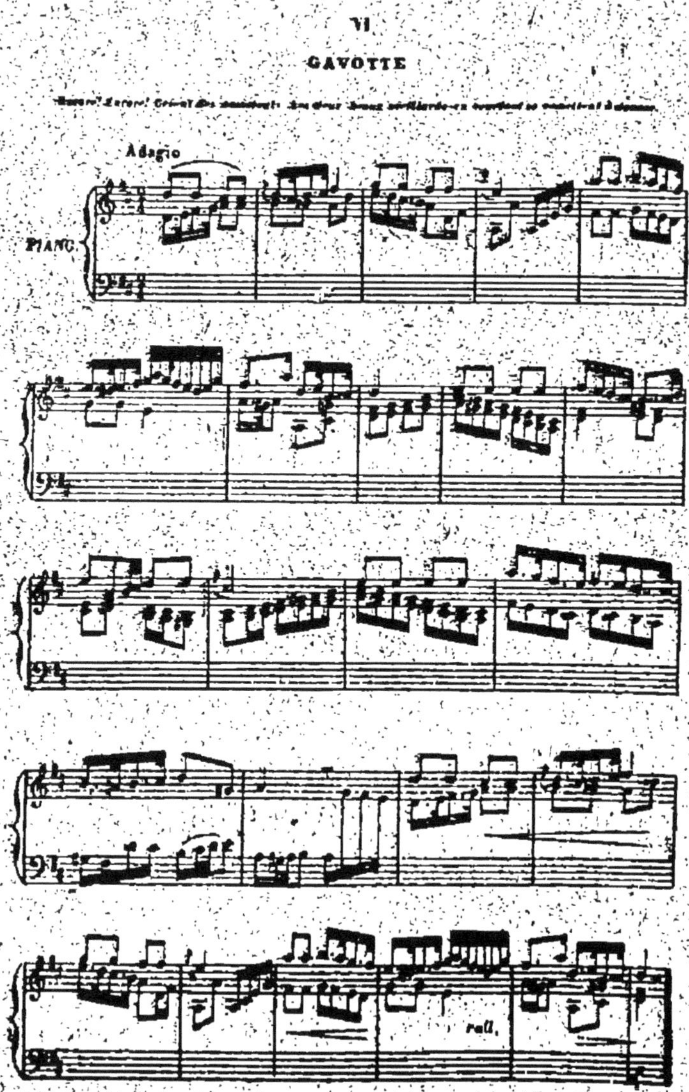

ENVOI FRANCO DU CATALOGUE EN FRANCE, A L'ÉTRA

A LA BIBLIOTHÈQUE BLE

PARIS — 12, RUE DE

GUIDE-AGENDA

DE PARIS-PLAGE

IL A ÉTÉ TIRÉ, DE CE GUIDE :

30 exemplaires sur grand papier impérial du Japon,
Couverture parchemin, Armoiries en couleur,
numérotés de 1 à 30 et signés, au prix de 15 francs.

2.200 exemplaires sur papier ordinaire, au prix de :

Brochés. . . . . *1 fr. 50*
Cartonnés . . . . *2 fr. »*

PARIS. — IMP. C. MARPON ET E. FLAMMARION, RUE RACINE, 26.

1894

GUIDE-AGENDA

DE

PARIS-PLAGE

PUBLIÉ PAR

HENRY DU PARC

DIRECTEUR-PROPRIÉTAIRE

PRÉFACE DE M. ERNEST LEGENDRE

COLLABORATEURS :

MM. VICTOR JONAS — ÉDOUARD LÉVÊQUE
MAURICE GARET — CHARLES CANDELIEZ — LOUIS HUBERT
POUR LE TEXTE

MM. LE COMTE DE GUYENCOURT ET ÉDOUARD LÉVÊQUE
POUR LES ARMOIRIES

Illustrations de Charles Froment.

EN VENTE :

A PARIS-PLAGE. . } Chez les principaux commerçants.
A ÉTAPLES. . . . . }

AVANT-PROPOS

Sur le point de faire paraître notre Guide de Paris-Plage, *il est une dette de reconnaissance dont nous tenons, avant tout, à nous acquitter.*

C'est bien en effet au concours dévoué et désintéressé de nos collaborateurs que nous devons d'avoir pu mener cette entreprise à bonne fin.

Nous citerons tout particulièrement le nom de M. Victor Jonas, *auquel nous devons la majeure partie du texte, traitée d'une façon remarquable et écrite dans un style purement littéraire, chacun voudra bien le reconnaître. A côté de celui de* M. Jonas *nous mentionnerons le nom de* M. Édouard Lévêque, *auquel nous devons une grande partie du chapitre intitulé :* Comment on se distrait à Paris-Plage, *écrit avec beaucoup de verve et d'humour et rempli d'intérêt.*

Nous citerons également le nom de notre habile dessinateur, M. Charles Froment, *bien connu aussi sous le pseudonyme de* Fertom. *C'est à lui que nous devons toutes les belles illustrations qui enrichissent le* Guide de Paris-Plage. *On reconnaîtra aisément en les voyant la main d'un de nos jeunes maîtres du crayon.*

Que ces messieurs, ainsi que les autres de nos collaborateurs qui, d'une façon plus modeste sans doute, mais non moins précieuse, ont bien voulu nous prêter leur concours, reçoivent ici le gage de notre sincère gratitude.

HENRY DU PARC,
Directeur-Propriétaire du *Guide-Agenda de Paris-Plage.*

AVIS

Le Directeur s'est efforcé de rendre le *Guide-Agenda de Paris-Plage* aussi intéressant et aussi exact que possible : a-t-il atteint le but proposé? le lecteur bénévole le dira, en consultant ce *vade mecum* du touriste en villégiature.

Cette œuvre de publicité est un début; elle est susceptible d'amélioration. Dans une édition subséquente, le directeur tiendra compte des erreurs et omissions qui lui auront été signalées.

PRÉFACE

UN MOT SUR CE « GUIDE »

L'aimable directeur-fondateur du *Guide-Agenda de Paris-Plage* veut bien me demander de présenter son œuvre à mes compatriotes d'adoption.

Ce m'est un grand honneur, mais, si humble soit ma plume, puis-je ne point répondre à cet appel fait au nom du patriotisme local ?

Paris-Plageois de la première heure, je ne sors pas de mon rôle, semble-t-il, en écrivant cette petite préface. Après avoir présenté la Plage au public, n'est-il pas naturel que je lui indique maintenant un bon « guide » ?

Et, sans plus de préambule, j'estime qu'en notre ami M. du Parc nous l'avons admirablement rencontré.

Rédiger un avant-propos est tâche d'ordinaire ingrate ; le lecteur n'a point coutume de vous en savoir gré, puisqu'il brûle — dans le sens pacifique du mot — les premières pages du livre, pour arrêter plus loin son regard.

J'éprouve pourtant ici un double plaisir : outre celui de féliciter le sympathique auteur d'une œuvre de patience et ses distingués collaborateurs, j'ai la joie grande de pouvoir dire, une fois de plus, à mes chers compatriotes de la Plage : Elle est donc bien définitivement lancée notre jolie station balnéaire, puisque le journal ne suffit plus et que, pour la bien connaître, il faut maintenant tout un livre !

Car c'est bien un livre complet que ce *Guide-Agenda de Paris-Plage.* Livre d'heures et de méditations poétiques ou familiales, chaque jour un feuillet blanc vous invite à y fixer vos impressions de touriste ; recueil plein de pages aimables et fines, j'y trouve le charme d'une lecture spéciale uni aux indications les plus précieuses sur l'histoire, la géographie, la géologie, l'aspect riant, les ressources et distractions, le commerce et le mouvement de notre plage de prédilection.

Cela ne suffit-il pas pour recommander un ouvrage tant souhaité, si utile à tous ceux qui comprennent, de façon pratique, les plaisirs et besoins de notre villégiature estivale ?

Rien ne manque à ce volume qui, dans une vignette bien composée, fait briller à nos yeux les armes nouvelles de Paris-Plage, avec ce souhait d'une concision si heureuse : *Fiat lux ! Fiat urbs !*

Ajoutons que le chapitre de la publicité — car toute plage en doit vivre : au début, cher lecteur, pour avoir l'agrément de vous connaître ; plus tard, pour élargir le cadre de la station balnéaire — ajoutons que ce chapitre a été traité de main experte par l'ingénieux auteur du *Guide-Agenda de Paris-Plage.*

Grâce à une combinaison qui eût enthousiasmé Girardin lui-même, le Guide du Parc fait mieux encore que le journal « gratis ».

Et pourtant nous savons, par expérience, combien coûte au journaliste la publicité, même payante, dans un pays naissant !

Eh bien, pour la première année, notre dévoué compatriote offre aux commerçants désireux de se faire imprimer le remboursement de leur dépense en « Guides de Paris-Plage » !

M. Henry du Parc, par un système des plus simples, met donc sa clientèle d'annonces en mesure de regagner instantanément la somme d'argent qu'elle avance !

N'est-ce pas plus qu'il ne faut pour assurer longue vie et légitime succès à une tentative généreuse, qui s'annonce sous d'aussi aimables couleurs ?

L'*Agenda de Paris-Plage* n'est-il pas la plus originale innovation qui se puisse concevoir en matière de réclame rigoureusement économique ?

Aussi bien, n'ai-je pas à insister sur un « Guide » qui fera certainement son chemin... Confiant dans l'avenir, je lui prophétise l'heureux sort que, sur la foi d'un autre excellent cicerone, mon ami M. Léon Garet, je prédisais, il y a huit ans à peine, à Paris-Plage, alors inconnu et désolé.

Quel chemin parcouru depuis !... Notre petite colonie, séduisante et toute nouvelle, française comme la côte de France, grandit avec une si étourdissante vitesse (*Fiat urbs !*) que les « anciens » ont, en vérité, besoin d'un indicateur pour s'y reconnaître (*Fiat lux !*)

ERNEST LEGENDRE,
Directeur du journal *Paris-Plage*.

LES ARMOIRIES

DE PARIS-PLAGE

Toutes les villes, toutes les communes, grandes ou petites, ont eu et ont encore leurs armoiries.

Les unes les ont empruntées aux seigneurs qui présidèrent à leur fondation ou qui s'y installèrent par droit de conquête, avec l'invasion franque.

Les autres les doivent à la générosité des rois de France, qui, en récompense des services rendus, les leur octroyèrent avec un fragment du blason royal, destiné à rappeler éternellement le donateur.

Bien que la Révolution française ait passé sur tout cela, détruisant avec les privilèges les insignes de la féodalité, son souffle n'a pas renversé ces antiques monuments de notre histoire nationale.

Il n'est pas de cité qui ne revendique fièrement ses armes. Vous les voyez au fronton de ses monuments ; elles scintillent sur les brillants uniformes de ses fonctionnaires et de ses agents.

Dans les réjouissances publiques, les faisceaux de drapeaux qui décorent la façade des édifices, les mâts vénitiens où les couleurs nationales flottent, sont timbrés de l'écusson traditionnel.

Cependant *Paris-Plage* déroge à l'usage. Ville éclose d'hier, elle n'a pas d'histoire et elle naquit à une époque où les armoiries ne se donnent plus officiellement.

Heureusement pour elle, elle a le droit d'en prendre et nous avons résolu de lui en donner. Elle pourra ainsi marcher de pair avec les autres cités. Elle aura sa marque, elle aura son sceau, elle possèdera sa personnalité, son « Moi ».

Nous avons consulté à cet effet, un de nos amis, M. le comte ROBERT DE GUYENCOURT, héraldiste distingué, *ancien Président de la Société des Antiquaires de Picardie, membre de la Société des Antiquaires de France.*

Nous devons à son obligeance la composition suivante, à la fois historique et artistique. Elle aura certainement l'approbation des personnes compétentes.

En voici la description :

Parti au 1 d'or à trois bandes d'azur, à la bordure de gueules qui est Ponthieu, au phare d'argent enflammé d'or posé sur une dune de sinople émergeant d'une mer d'argent et brochant sur le tout; au 2 de gueules à la galère d'argent voguant sur une mer d'argent au chef de France qui est la ville de Paris.

TENANTS : *Dauphins renversés. Couronne formée de mâts et de voiles avec des proues émergeant du bandeau.*

DEVISE : *Fiat lux, fiat urbs.*

Cet arrangement répond à tous les desiderata. Il satisfait l'histoire et l'art.

On sait tout d'abord que PARIS-PLAGE, bien qu'enseveli encore sous la mer au moyen âge, géographiquement, se serait trouvé dans le prolongement du domaine de l'*abbaye de Saint-Josse*, lequel relevait féodalement du comté de Ponthieu. Or, notre territoire, à cette époque, appartenait à l'État, puisque c'était la mer. Le souverain de l'État, en cet endroit, était le *comte de Ponthieu,* personnage quasi-royal, ayant sa cour parallèlement à celle du roi de France, et ne se privant pas de guerroyer au besoin contre lui.

Le blason du *Ponthieu* semblait donc indiqué. Mais, pour lui donner une couleur locale et parlante, M. DE GUYENCOURT l'a surchargé d'un *phare d'argent* enflammé *d'or*, et pour rappeler la forêt, il pose celui-ci sur une dune de *sinople*.

En deuxième lieu, pouvait-on oublier *Paris*, qui fut le parrain de notre station? Rien donc de plus naturel que de faire figurer dans nos armoiries celles de l'illustre capitale.

Comme *tenants*, les dauphins convenaient à des armes maritimes. La *couronne*, faite de mâts et de voiles avec des proues émergeant du bandeau, était de rigueur pour le même motif.

Restait la *Devise!* En cette matière une forme courte, rapide et rimante, est toujours plus héraldique.

M. DE GUYENCOURT s'est rappelé que les phares avaient été le berceau de la plage, puisque là résida le premier noyau d'habitants.

En outre, ce fut pour ainsi dire autour de ces monuments que la cité s'édifia. Ainsi, autrefois, on vit surgir autour des monastères et des abbayes les germes de ces villes devenues si importantes de nos jours.

De cette origine découlait la devise. Puisque la lumière a été faite, que la ville soit. *Fiat lux, fiat urbs.*

Telles sont les armoiries que nous sommes heureux d'offrir à *Paris-Plage*. Il nous reste, au nom des habitants de notre station, à remercier M. DE GUYENCOURT, qui en fut l'heureux et savant inventeur. Nous sommes ici leur très humble interprète.

ÉDOUARD LÉVÊQUE,

Membre de la Société des Antiquaires de Picardie.

SONNET

Voici l'été venu; le soleil radieux
Chauffe ses grands fourneaux : la chaleur est intense.
Les malheureux mortels, dans la triste espérance
De se voir tous rôtir, protestent de leur mieux!

Ils jettent des regards suppliants vers les cieux,
Réclamant à grands cris la fin de leur souffrance;
Mais ils ont beau prier et demander vengeance,
Personne ne répond, tout est silencieux!

— Allons, pauvres mortels grillés par le soleil,
En bon frère, je veux vous donner un conseil :
Vous cherchez du repos, de l'air pur, de l'ombrage;

Eh bien! si vous voulez, fuyant ces feux d'enfer,
L'ombre d'une forêt et l'air pur de la mer,
Venez, et croyez-m'en, venez à Paris-Plage!

MAURICE GARET.

STATION BALNÉAIRE DE PARIS-PLAGE

DESCRIPTION

DÉTAILS GÉOLOGIQUES, TOPOGRAPHIQUES ET HISTORIQUES

I. Le Domaine du Touquet. — La Forêt (1).

Voici ce qu'écrivait, en l'année 1875, un agronome distingué, venu pour étudier sur place une œuvre qu'il n'hésite pas à déclarer gigantesque et merveilleuse.

Tous les voyageurs qui ont parcouru la ligne d'Amiens à Boulogne-sur-Mer, ont sans doute remarqué l'aspect du pays traversé par le chemin de fer aux environs d'Étaples, petite ville maritime située à l'embouchure de la Canche. Là, deux hautes tours à feu, dont les fûts octogones s'élèvent au-dessus des dunes comme deux gigantesques minarets, caractérisent ce lieu qui, n'étaient ces phares arrêtant le regard par leur hardiesse ou leur éclat, pourrait passer inaperçu.

La voie ferrée longe la mer à courte distance, bien qu'on ne puisse la voir ; elle est cachée par un rideau de collines de sable dont les accidents simulent, en miniature, une chaîne de montagnes avec leurs vallées, leurs crêtes, leurs pics et leurs ravins.

---

(1) Les renseignements techniques sur le domaine et la forêt sont en majeure partie puisés dans un savant travail dû au talent de M. de la Tréhonnais et paru dans le *Journal de l'Agriculture*. Nous prions l'auteur de vouloir bien nous pardonner cet emprunt, le considérant comme un hommage rendu à une étude aussi remarquable pour l'élégance de la forme que pour la solidité du fond, mais trop peu connue de la génération actuelle.

Mais, quand on a mis pied à terre à la station d'Étaples, et qu'on est parvenu au bord de la mer, il n'est guère possible de rien contempler qui inspire un sentiment plus profond de l'immensité. La ligne du rivage formée par les dunes est comme alignée au cordeau; elle s'étend à perte de vue, à droite et à gauche, suivant une direction nord-sud. La plage, sur laquelle se déroulent en larges plis frangés d'écume les lames de la Manche, est presque aussi plane que la surface d'un lac; la pente, qui s'incline insensiblement vers le large, est si peu accentuée que, lorsque le flot la recouvre, il faut s'avancer assez loin dans la mer pour atteindre une certaine profondeur. D'ailleurs pas un promontoire, pas une anfractuosité autre que celle de l'embouchure de la Canche ne vient briser la ligne droite de ce rivage perpendiculaire.

Le fond de la plage est formé par les assises régulières de la craie inférieure, dont aucun soulèvement désordonné n'est venu déranger les stratifications. On n'y rencontre donc ni rochers, ni falaises; rien ne fait obstacle à la course des lames, qui se précipitent et se déroulent sur ce vaste plan incliné avec toute la furie de leur liberté.

Ainsi s'explique la formation des dunes.

La mer se trouve poussée dans un incessant va-et-vient, soit par les marées, soit par les vents du large. Ce mouvement perpétuel opère, sur le fond de craie friable, une érosion constante dont les débris, mélangés de coquilles broyées, forment des amas de sable; le vent s'en empare et les colporte vers le rivage, lorsque le jusant, se retirant de la grève, la découvre sur un espace immense. Ces sables s'amoncellent alors en dunes plus ou moins élevées que les tempêtes façonnent à leur terrible guise, enlevant les crêtes de la veille pour en combler les cavités voisines, de sorte que l'orographie de cette partie des dunes est presque aussi changeante que la surface de la mer qui mugit à côté.

Les sables de la côte sont exclusivement formés de

débris de craie et de coquillages; ils constituent un mélange calcaire très fertilisant, d'autant plus qu'ils doivent renfermer une proportion notable de phosphate de chaux, produit par la décomposition des détritus de poissons, mollusques et crustacés que la mer rejette sur le rivage.

Malgré l'aspect aride de cette surface, on n'a point à craindre le sérieux inconvénient de la sécheresse. On rencontre en effet une nappe d'eau souterraine à son niveau normal, tout au plus à un mètre au-dessous du sol, abstraction faite de l'épaisseur de la couche de sable qui le recouvre. Le terrain n'est que la continuation du bassin qui s'étend du pied des collines de craie supérieure par lesquelles il est circonscrit, jusqu'au rivage, ét qui forme le delta marécageux au travers duquel la Somme, l'Authie et la Canche se déversent dans la mer. La surface de cette grande plaine est presque au niveau de la haute mer. Près du littoral, sur une largeur plus ou moins considérable, lè sable des dunes, poussé par les vents maritimes, a recouvert le sédiment primitif.

Dans la région qui confine à la rive gauche de l'embouchure de la Canche, il y avait à vendre, en 1837, un domaine qui consistait en 1.200 hectares de dunes et de grèves. D'une extrémité à l'autre, en long comme en large, on n'apercevait que du sable. Les seuls êtres animés qui peuplaient ces parages étaient d'innomblables lapins rongeant en paix la maigre végétation qui tapissait les bas-fonds humides, ainsi que des oiseaux de mer jetant dans les airs leurs cris stridents et lugubres.

Cette solitude s'appelait alors le Touquet.

Le domaine s'étend tout le long de la côte, vers le sud à partir de l'embouchure de la Canche; il comprend une largeur moyenne de trois kilomètres, jusqu'à la route de Berck qui le borne à l'est. La limite sud est constituée par une haute dune s'élevant au milieu de la chaîne, laquelle se continue pour aboutir à la rive droite de l'embouchure de la Somme.

A cette époque, c'est-à-dire, il y a de cela bientôt soixante ans, il s'est rencontré un homme, un Parisien qui, pareil au premier navigateur dont parle le poète et le cœur blindé d'un triple airain, résolut de se dévouer à une œuvre ardue entre toutes : il entreprit le hardi dessein de transformer ce désert en forêt. Ce Parisien était un paisible notaire, d'un tempérament peu aventureux; mais il possédait une grande et vive intelligence, un esprit ferme et pénétrant, de plus il était doué d'une forte dose de ce bon sens pratique dont l'inspiration ne fourvoie jamais. Il convient d'ajouter immédiatement que M. Daloz (c'est le nom désormais célèbre de l'illustre pionnier, bienfaiteur insigne de son pays) accomplit et réalisa ce tour de force prodigieux, réputé jusque-là impossible.

La propriété du Touquet avait sa légende. Car, avant l'époque comparativement récente de la construction des phares, cet endroit était fréquemment le théâtre de naufrages.

La côte du Pas-de-Calais s'avance droite et rigide en travers de la Manche, comme pour en barrer le passage aux nombreux navires qui, de l'Atlantique, se dirigent vers la mer du Nord; ce brusque rapprochement de la côte de France vers celle d'Angleterre forme précisément le détroit.

La circonstance qui vient d'être signalée fait que le rivage, vers le nord, se trouve situé dans une direction à peu près perpendiculaire aux courants de marée et aux tempêtes de l'ouest, que l'Océan pousse parfois avec une irrésistible furie dans l'étroit canal de la Manche : cette disposition du bord de la mer était pleine de périls pendant les longues et sombres nuits d'hiver, alors qu'aucun phare ne venait avertir les marins et les prémunir contre le danger.

C'est aux incidents particuliers auxquels ont donné lieu

quelques-uns de ces désastres qu'il faut vraisemblablement attribuer les dénominations non moins étranges que singulières attachées par la tradition populaire à certaines enclaves abritées par les dunes et désignées communément sous le nom de *plaines*. Ainsi, il y avait la *plaine du Paradis-Thérèse*, sans doute à cause du refuge qu'y trouva l'équipage d'un navire ainsi nommé. Il y avait aussi la *plaine aux Pipes*, où probablement furent réunis les tonneaux de spiritueux sauvés d'un naufrage. On connaissait encore : la *plaine au Vin*, la *plaine au Blé*, la *plaine Verte*, sorte d'oasis.

Eh bien! de toutes ces *plaines*, de tous ces lieux aux appellations tout ensemble grotesques et sinistres, il ne reste plus que les noms déjà bien oubliés. Sur la plus grande partie de cette vaste étendue, à peu près 800 hectares, règne aujourd'hui une épaisse forêt, verte, plantureuse, pleine de fraîcheur. Des arbres de haut jet et appartenant à diverses essences forment des futaies élancées que ne répudieraient point certaines forêts séculaires. Les pins dominent et abondent dans cette magnifique forêt, unique sur le littoral de la Manche : aussi cette particularité a-t-elle fait donner à la charmante station balnéaire le surnom bien justifié d'Arcachon du Nord.

Sans compter les nombreux sentiers, les chemins de traverse, ainsi que les voies de communication carrossables, la forêt est percée dans toute sa longueur par une belle route départementale dont l'une des extrémités rejoint, en arrivant à Étaples, un pont solide. Ce pont de bois, construit sur la Canche et reliant ensemble les deux rives, remplace avantageusement le gué que l'on traversait autrefois à marée basse, ou bien le bac qui transportait les passagers à marée haute. L'établissement d'un pont si utile et si nécessaire est dû à M. Daloz, cet homme d'initiative qui, à force de volonté persévérante, a su faire surgir une forêt d'un désert de sable.

Ce qu'il a fallu d'audace, de courage, d'indomptable énergie, pour achever un labeur d'apparence aussi ingrate, ne saurait se comprendre qu'en visitant les endroits qui ont été si complètement transformés; aucune expression ne serait capable d'en donner une idée exacte.

Le propriétaire qui veut obtenir une forêt comme celle du Touquet, doit se livrer patiemment à une série graduée d'opérations de longue durée.

Le premier ennemi à vaincre est la mobilité des dunes et surtout l'instabilité des surfaces. Faire des semis de pins maritimes (on débute toujours avec cette essence) sur des surfaces foncièrement mobiles, serait s'imposer le supplice de Sisyphe. Il faut tout d'abord consolider cette surface, et empêcher le vent d'en enlever les couches extérieures. Heureusement la Providence divine a miséricordieusement voulu mettre un élément de salut à côté de chaque péril, un moyen de conservation à côté de chaque agent destructeur; elle a créé une humble plante dont ces régions déshéritées sont devenues le domaine naturel : c'est l'*oyat* (*Arundo arenaria*), le roseau des dunes. Cette graminée, de la famille des Arundinacées, plonge ses racines dans les sables, les étend en rameaux traçants, et les fait pénétrer à de grandes profondeurs jusqu'aux couches humides du sous-sol. A l'aide de ses racines solidement ancrées dans les sables, l'oyat résiste aisément aux plus violentes tempêtes, dont le souffle fait seulement courber ses tiges flexibles. Une fois l'effort de l'assaut passé, les touffes se relèvent, continuant à protéger autour de leur collet les grains de sable qui, sans cela, seraient impitoyablement emportés.

Quand le lit de la semence est régularisé par un nivellement sommaire, on sème alors de la graine de pin, puis on couvre toute la surface ensemencée de plantes d'oyat disposées en quinconce et à des intervalles assez rapprochées, afin de rompre l'action du vent. Lorsque les pins commencent à lever, les touffes d'oyat sont déjà

LES PINS DANS LA FORÊT DU TOUQUET

assez développées pour protéger les jeunes tiges; celles-ci, sous cet abri tutélaire, prennent un essor rapide et enfoncent à leur tour dans la dune, facilement pénétrable, leurs racines pivotantes, lesquelles vont chercher dans le sous-sol la fraîcheur et la nourriture qu'elles y trouvent en grande abondance. C'est ainsi que, sous le double enlacement des racines des oyats et des pins, la surface des dunes se raffermit peu à peu et finit par se consolider tout à fait.

Il arrive, au bout d'un certain temps, que l'oyat n'est plus assez puissant pour abriter les jeunes pins, dont la cime encore délicate ne tarde pas à dépasser celle des oyats. D'ailleurs l'oyat, qui ne semble vivre que dans la lutte, est la plante du vent par excellence. Tant qu'elle est exposée aux rafales qui font tourbillonner ses touffes sans jamais les briser, l'oyat reste en pleine végétation et se développe avec rapidité. Mais si les jeunes pins, au contraire, abritent l'oyat, ce dernier ne tarde pas à s'étioler et à mourir : sa mission est finie; il disparaît. Il importe donc de le remplacer par un autre abri : car les tiges du pin, étant rigides, résistent au vent qui les brise ou en arrête la croissance. C'est alors qu'intervient le rôle tutélaire des essences à tige flexible, telles que les peupliers et les saules cendrés : ces arbustes servent à garnir le front des plantations, dans la direction du vent.

Quand les pins ont assez grandi pour former un abri impénétrable à la violence des tempêtes, on s'aventure à planter des essences plus délicates et plus précieuses. On commence par éclaircir les pins et, dans les intervalles rendus libres, on sème ou bien on plante des aunes, des peupliers blancs de Hollande, des ormes, des chênes, des sycomores, des hêtres, des bouleaux, etc. Tout cela se développe en jeunes futaies ou en taillis touffus; on enlève ensuite ce qui reste de pins maritimes. La forêt permanente se trouve enfin créée, avec ses ogives de verdure, son ombre pleine de fraîcheur, ses longues allées se perdant dans un lointain bleuâtre, sa feuillée retentissante de chants d'oiseaux, et cette grande voix qui s'élève au-dessus des cimes, planant sur son immensité comme un chant de victoire et d'allégresse pour célébrer son triomphe.

C'est ainsi que de proche en proche, lentement mais sûrement, les plantations du Touquet ont fini par conquérir 800 hectares de sable et de dunes, et sont en train d'envahir ce qui reste encore à subjuguer.

Il est bon de dire que le domaine du Touquet possède deux avantages, auxquels il faut attribuer la luxuriante végétation de l'admirable forêt qui existe aujourd'hui. C'est d'abord la nappe d'eau souterraine, et ensuite l'existence d'une riche terre végétale, simplement recouverte par une couche de sable dont l'épaisseur varie en raison inverse de sa distance au bord de la mer : les racines des arbres percent à travers le sable, atteignent bientôt cette couche de terre humide, et y puisent à l'envi les éléments de leur développement et de leur croissance.

On peut mentionner un troisième avantage dont la valeur n'est pas moindre, les deux premiers étant donnés : c'est la couche de sable qui recouvre cette terre basse et marécageuse. Au point de vue mécanique, ce manteau poreux, maintenant recouvert d'arbres, forme un drainage par en haut, en absorbant l'excès d'humidité du sous-sol au moyen d'une puissante capillarité. Ensuite, au point de vue physiologique, cette masse de sable calcaire légèrement phosphaté, reposant immédiatement sur un sol tourbeux où abondent les acides humique et ulmique, neutralise ces acides par son action alcaline, donnant ainsi naissance à un véritable engrais.

L'expérience a montré qu'on avait à combattre, non pas la sécheresse, comme on pourrait le supposer, mais plutôt l'humidité. Dans ce but, des canaux d'écoulement ont été ouverts, et des fossés creusés dans le sens de la pente, pour déverser toutes les eaux dans le thalweg de

10

LE CHATEAU DU TOUQUET

la Canche. Grâce à tous ces travaux si intelligemment dirigés, le terrain, loin d'être stérile, présente même des conditions favorables à la végétation.

Quelle forte et savante tactique! Quelle patiente ténacité! Mais aussi quel exemple salutaire, et quel fécond enseignement! quel splendide succès! Le propriétaire, M. Daloz, pouvait à bon droit s'en glorifier; il est toujours resté le travailleur infatigable et modeste par excellence.

II. La Station balnéaire. — Chalets et Villas.

Vers 1875, le propriétaire du domaine, depuis longtemps retiré des affaires de son étude et installé au beau milieu de son incomparable forêt, recevait la visite de quelques amis de Paris, qu'il avait invités. Sa demeure, quoique simple et sans prétention, renfermait profusément tout ce qui fait le confortable d'une habitation de famille. On y trouvait surtout une exquise hospitalité de grande allure, sinon de grand luxe, une réception dont la cordiale franchise vous mettait immédiatement à l'aise, vous prédisposant ainsi à jouir, sans contrainte aucune, du bon accueil offert par un châtelain dont l'amabilité, la délicatesse et même la bonhomie se révélaient bientôt à ses hôtes charmés et ravis.

L'habitation est construite presque au pied des hautes tours qui forment les phares, mais tout un massif de plantations l'en sépare. Le potager, très vaste, se trouve enclavé dans la forêt qui l'environne et le protège contre les vents maritimes. Il est créé, lui aussi, au milieu des sables; malgré cela, il se montre resplendissant de fertilité et de richesse. Les légumes les plus variés, les fruits les plus savoureux y donnent de belles récoltes : ce jardin tient lieu de corne d'abondance.

Parmi les Parisiens qui firent avec délices le pittoresque voyage, il faut nommer Villemessant. Le célèbre et légendaire rédacteur en chef du *Figaro* revint enthousiasmé de son excursion.

« Il y a là, disait-il et répétait-il à tout venant, à quatre petits kilomètres de la gare d'Étaples, à l'embouchure de la Canche, une plage abritée par une forêt de 800 hectares et plus belle que celle de Trouville. Si Dieu me prête vie, je veux faire de ce pays providentiel un Arcachon du Nord, lequel pourrait adopter la devise de l'ancien : *Heri, solitudo; hodie, civitas*. Avant peu, cet endroit sera le rendez-vous favori de nos baigneurs parisiens; j'aurai résolu le fameux problème : **Paris-Plage** !!! »

Ce titre est resté : l'appellation a été adoptée, et est devenue la dénomination officielle de la nouvelle station balnéaire.

La mort empêcha Villemessant de réaliser son projet. Mais l'idée grandiose et pleine d'avenir fut reprise par M. Daloz lui-même : son esprit pratique, qui s'était manifesté tout récemment dans les travaux forestiers, prévoyait aussi la prospérité future réservée à ce coin privilégié du Touquet.

Entre la mer et la forêt, sur une longueur de cinq kilomètres environ, s'étend une immense plage de sable fin, sans galets ni vase, admirablement disposée en pente douce et régulière, de manière à donner aux baigneurs la sécurité la plus complète. Son double voisinage présente un avantage rare et précieux tout à la fois : les effluves salutaires de l'air salin, ainsi que les émanations bienfaisante des sapins, désignent manifestement cette plage comme étant particulièrement fortifiante et tempérée.

L'ancien notaire se mit résolument à l'œuvre. Il s'assura le concours d'un homme compétent, M. Lens, dont le nom a été emprunté pour désigner l'une des rues de la ville naissante. Grâce à cette collaboration, un plan parcellaire fut dressé et servit au lotissement du territoire. Le sol fut nivelé, les pentes devinrent régulières; comme voies de communication entre les habitations projetées, on établit un certain nombre de rues suffisamment rapprochées : les unes sont parallèles; les autres, perpendiculaires au littoral.

Les rues parallèles au bord de la mer ont d'un bout comme point terminus le chemin d'accès ou route départementale, et se prolongent alors vers le sud. Elles sont ainsi désignées, en s'éloignant du rivage :

Boulevard de la Mer.
Rue de Paris.
Rue de Londres.
Rue de Metz.
Rue de Moscou.
Boulevard Daloz.

Les rues perpendiculaires à la grève vont de l'ouest à l'est, et ont leurs deux points terminus tout indiqués d'avance : la mer et la forêt. Voici leurs noms respectifs à partir de la baie de Canche, laquelle est à peu près parallèle à toutes ces rues :

Route départementale.
Rue de la Lune.
Rue d'Étaples.
Rue Saint-Alphonse.
Rue de Bruxelles.
Rue Saint-Jean.
Rue Saint-Louis.
Rue Lens.
Rue Saint-Amand.
Rue de la Paix.
Rue Centrale ou Grande-Rue.

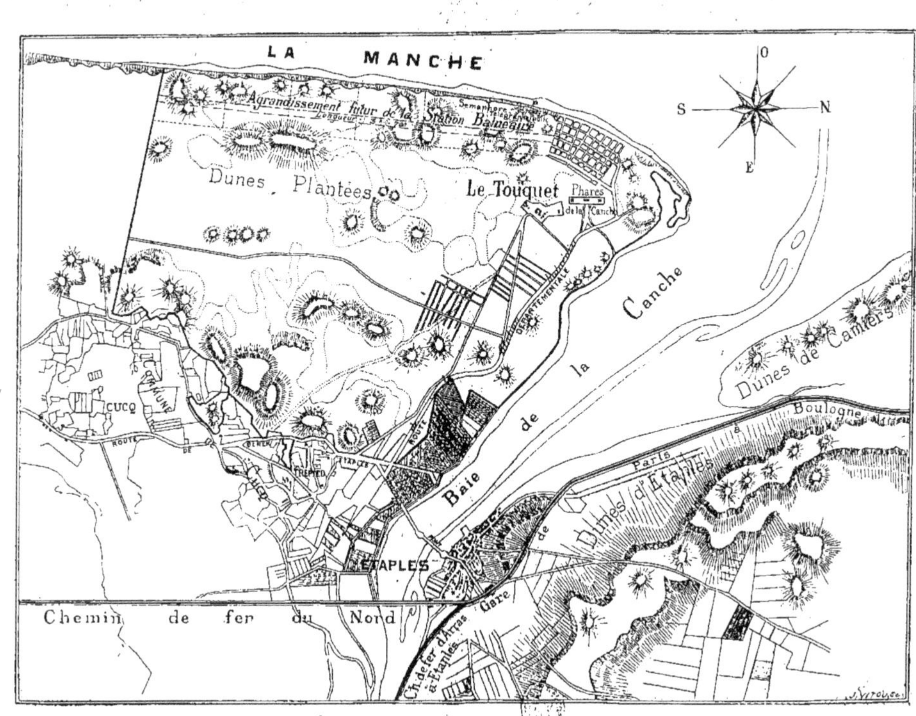

PLAN D'ÉTAPLES ET DE PARIS-PLAGE

Il est aisé de conclure que la configuration du terrain présente l'aspect d'une série de quadrilatères rectilignes, inégaux entre eux il est vrai, mais dont les contours sont dessinés avec une régularité géométrique.

A l'intersection de la Grande-Rue et de la rue de Metz, existera prochainement un jardin public, de forme semi-circulaire ; sa superficie est évaluée à 1.500 mètres carrés, avec un développement de 62 mètres en longueur sur la rue de Metz : il pourra être utilisé pour des concerts, ainsi que pour des réunions et fêtes locales.

Pour faciliter la vente des terrains et effectuer la division en lots, le territoire paris-plageois a été partagé en cinq zones consécutives ; ces zones sont limitées et séparées entre elles précisément par les grandes artères de voirie qui ont été tracées suivant une direction sensiblement parallèle au littoral.

L'avenir heureux, rêvé et espéré pour la colonie balnéaire de Paris-Plage, s'est promptement réalisé. En moins de dix ans, la petite ville a pris un accroissement considérable : on compte actuellement près de deux cents constructions. Et, à ce propos, il convient de noter ici, en passant, la diversité d'architecture et l'élégante coquetterie que révèle l'aspect extérieur de nos chalets et de nos villas : c'est cette variété même qui donne à Paris-Plage un cachet particulier de goût artistique si fort apprécié, bien capable de provoquer l'admiration des nombreux voyageurs et touristes ainsi que des personnes en villégiature.

Cependant les débuts avaient été des plus modestes : quelques chalets épars, disséminés çà et là, s'élevaient parmi les dunes et frappaient les yeux du visiteur. Car, circonstance qui mérite d'être signalée, les premières bâtisse furent effectuées aux deux pôles de la plage : c'est ainsi qu'on remarquait la *Vigie* et l'*Avant-garde*, à l'extrémité provisoire vers le sud ; tandis qu'on rencontrait, à l'extrémité nord, la maison de garde et la construction

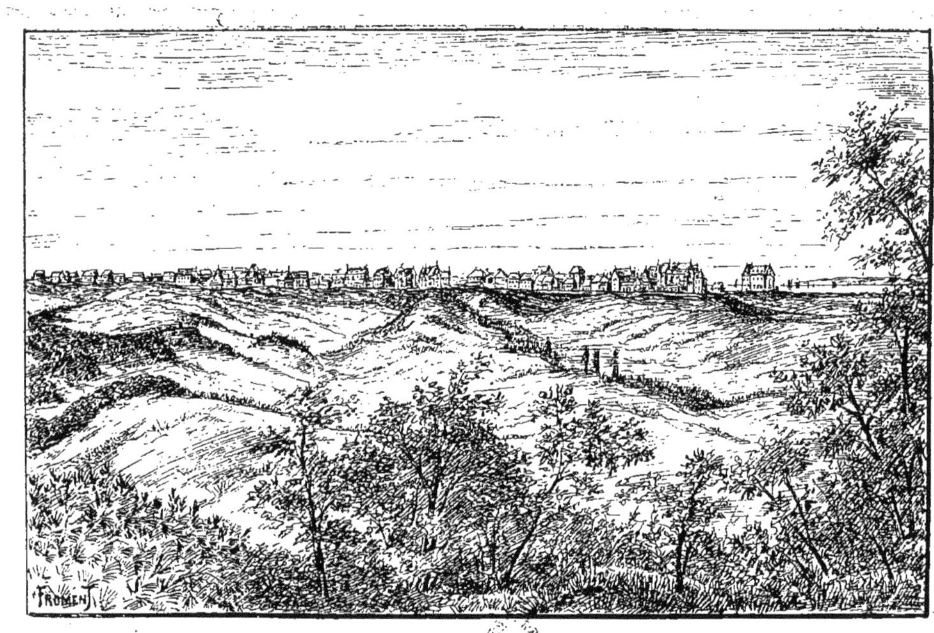

PARIS-PLAGE. — VUE PRISE DU CÔTÉ DE LA FORÊT

qui porte comme enseigne : *A la naissance de la plage*, d'autres chalets se trouvaient intercalés et orientés à tous les points de l'horizon.

En terminant cet aperçu historique, il serait souverainement injuste d'oublier l'auxiliaire dévoué qui, par sa prodigieuse activité et ses démarches multipliées, a largement contribué au succès inouï de Paris-Plage. Dès 1886, M. Ernest Legendre fonde hardiment le journal *Paris-Plage*, organe qui, depuis cette époque, paraît périodiquement pendant la saison balnéaire. Le jeune et ardent publiciste écrit comme les oiseaux font leur nid, sans demander aux voisins perchés sur d'autres arbres comment ils font le leur; son style est taillé à l'emporte-pièce. La personnalité sympathique de l'écrivain entraîne les plus indifférents; sa plume alerte et féconde, vive et colorée, souvent humoristique, a vaillamment soutenu les intérêts de la colonie et porté au loin le nom ainsi que la renommée de Paris-Plage. Merci à l'intrépide journaliste !

ÉTUDE GÉOLOGIQUE SUR LES DUNES

Les sables de Paris-Plage, comme ceux de toute la côte, proviennent de l'érosion et de la destruction des falaises qui, commençant près du bourg d'Ault, se continuent au Tréport, pour se terminer au Havre.

Les vents d'ouest dominent généralement dans nos parages; il s'ensuit que le transport à sec s'effectue toujours de gauche à droite. Ces vents donnent la même orientation aux vagues, lesquelles, d'étape en étape, apportent le résidu des falaises citées plus haut.

Comment se forme ce résidu? la réponse est simple.

En principe, partout où il y a falaise, la mer sape, démolit et gagne; partout où le terrain est de niveau avec la mer, celle-ci accumule et se retire.

Ainsi, au bourg d'Ault et au Tréport, la falaise, minée continuellement, s'écroule au fur et à mesure; les blocs énormes de craie, renfermant les silex, sont roulés et broyés. De la craie, laquelle est très tendre et soluble dans l'eau de mer, il ne reste plus rien. Mais les silex résistent; par leur frottement les uns contre les autres, ils s'usent, s'arrondissent, se polissent, et constituent ces galets qu'on voit en abondance sur les plages à falaises.

Toutefois ces galets ne restent pas éternellement à l'endroit où ils ont été formés; les vagues et les tempêtes les transportent en masse vers l'est : aussi en voyons-

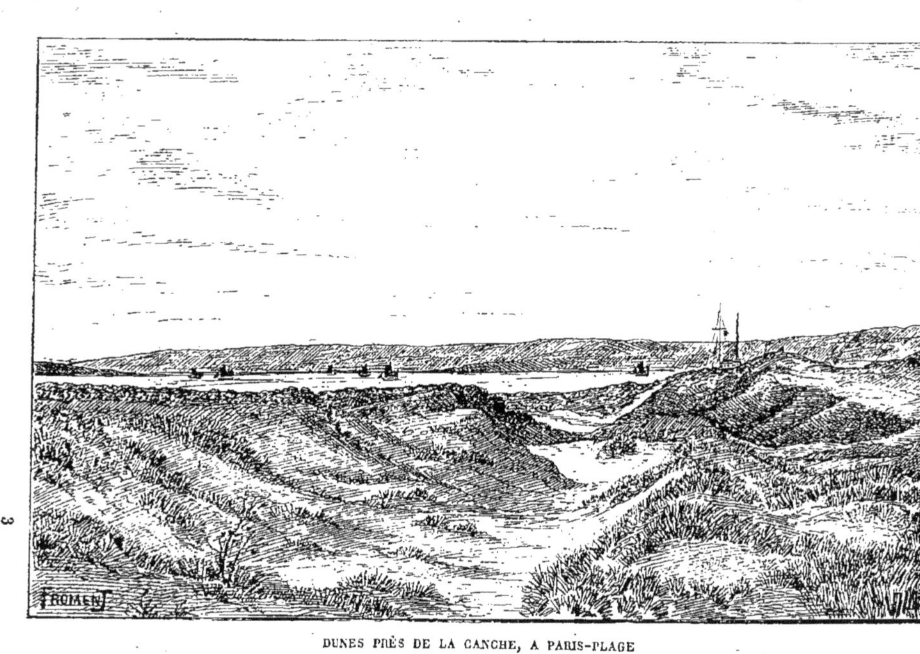

DUNES PRÈS DE LA CANCHE, A PARIS-PLAGE

nous des amas considérables à Cayeux et à la pointe du Hourdel. Ces mêmes galets sont repris par les eaux de la mer, brisés en petits morceaux, et se convertissent bientôt en gravier. Du gravier au sable il n'y a qu'une légère transition et une petite transformation. Le sable est le dernier mot du silex, le débris ultime de la falaise.

A partir du Crotoy, il n'existe plus d'élément de démolition, par conséquent plus de moyens d'obtenir soit des galets, soit du sable : il faut donc admettre que les sables de Paris-Plage viennent de l'ouest, ou mieux du sud-ouest.

Ils ne peuvent point être fournis par les falaises opposées du côté de Boulogne : car les falaises du Boulonnais appartiennent à la première époque du terrain secondaire, et se trouvent constituées par les dernières assises du terrain jurassique. On peut remarquer d'ailleurs que, du côté de Boulogne, le sable n'est plus le même. Le terrain jurassique contient peu de silice; il renferme, comme pierres dures, de la chaux cristallisée ou des marbres : il en résulte que la désagrégation de ces matières produit un sable gris et vaseux, nullement comparable avec le nôtre.

Telle a été, et telle est encore la formation des dunes de Paris-Plage.

On constate aisément que les sables volent beaucoup moins dans nos parages que sur le restant de la côte : ceci tient à la composition minéralogique du sable en question. On sait que les mollusques recherchent toujours les embouchures de fleuves ou de rivières, ainsi que les estuaires; ils y naissent, y vivent et y meurent. Après leur mort les coquilles qui les ont abrités, n'étant plus retenues par eux au sol ou bien aux rochers, s'en vont à la dérive; elles sont abandonnées au jouet des flots et poussées vers la côte : ainsi s'explique cette quantité prodigieuse de coquillages sur notre plage.

Ces coquillages ou leurs débris s'incorporent au sable. Leur décomposition donne naissance à un carbonate de chaux poreux, lequel retient l'eau plus facilement, et en même temps procure au sable toujours humide une constitution solide, lui permettant de résister à l'enlèvement.

Cette constitution particulière du sable, à Paris-Plage, facilite beaucoup la pousse des plantations qui garnissent les dunes. Les arbres trouvent des éléments de vie et de prospérité dans la silice, la chaux et le carbone contenu dans le sous-sol tourbeux de l'endroit; une fois le sous-sol atteint, on peut dire que le succès est assuré.

La forêt voisine, qui touche à Paris-Plage, ne peut maintenant que se développer en toute liberté; elle a déjà pris les proportions les plus grandioses.

STATISTIQUE

I. Liste des chalets, villas et autres habitations, d'après l'ordre des rues.

BOULEVARD DE LA MER

Pêcheries (les).
Musette.
Cigale (la).
Fourmi (la).
Fauvettes (les).
Beau-Séjour.
Colibri.
Cancho (la).
Claudine.
Mon Repos.
Louise.
Sans-Soucy.
Saint-Georges
Suzanne.
Marino (villa).
Saint-Jean.
Stella Maris.
Alouette (l').
Hôtel (Grand).
Henry.
Tamaris (les).
Marguerite.
Sainte-Barbe.
Galets (les).
Pélican (le).
Concordia.
Marie-Magdeleine.
Marthe et Marie.
Miroille.
Noëmi.
Mon Caprice.
Saint-Joseph (les Mouettes).
Vigie (la).
Avant-Garde (l').
Saint-Michel.
Saint-Raphaël.

Cabines de bain.
Buvette Dessoulier.

RUE DE PARIS

Côté gauche.	Côté droit.
Hôtel des Dunes.	Maison de garde (Roberval).
A la Naissance de la Plage.	Genêts (les).
Mon Plaisir.	Marie-Louise.
Caroline.	Germaine.
Erstroff.	Fougères (les).
Mamez (Fifine).	Hôtel des Bains.
A la Ménagère.	Petits Jeux.
M. Lion.	Boulangerie-Pâtisserie.
Café du Centre.	M. Delhaye-Roland.
Bureau des omnibus.	Halte-là.
Charles.	Perce-pierres (les).
Charlotte.	Aux trois Frères.
Bureau.	Perce-neige (les).
Cordier-Sergent (de Boulogne).	Mamez (Grisette).
Pannier-Morel.	Café Berger-Pick.
M. Warin-Demarcy.	M. Troussel-Delattre.
Au Figaro.	A la Vraie Mode de Paris-Plage.
M. Pannier-Dumont.	Tom Pouce.
Phares (les).	Mlle Boulanger.
Courlis (les).	Gabrielle.
Perles (les).	Sémaphore et télégraphe.
Miramare.	
Au bon marché.	
Sapins (les).	
Oyats (les).	
Roses (les).	
Belle-Vue.	
Mon Préféré.	
Saint-Hubert.	
Brise (la).	
Saint-Jacques.	

RUE DE LONDRES

Côté gauche.	Côté droit.
Fleurs des champs.	Ermitage (l').
Fleurs des bois.	M. Caron-Cousin.

TYPES DE CHALETS A PARIS-PLAGE

RUE DE LONDRES (*suite*)

Côté gauche.

Marthe et Louise.
Denise et Charles.
Maria-Emolia.
M. Douchain.
Maurice.
Capucines (les).
Café des Arts.
Églantiers (les).
Clématites (les).
Minerve.
Hôtel de Paris.
Café de la Gaîté.
M. Ricquier-Tristram.
M. Henri Elleboode.
Chapelle Saint-André.
Saint-Pierre.
Mathilde.
Abri (l').

Côté droit.

Troënes (les).
Briochette.
Hortensia.
Gustave-Oscar.
Marie Codron.
Iris (les).
Halle et Marché couvert.
Marie-Joseph (Mme Masson).
M. Henri Bocquet.
Saint-Bernard.
Hirondelles (les).
Ami (l').
Pâquerettes (les).

RUE DE METZ

Côté gauche.

M. Froment.
Sweet-home.
Tambourin (le).

Côté droit.

Pige-Vent.
Boutons d'or.
Magali.
M. Henri Morvillers.
M. Maillard (de Boulogne).
Peupliers (les).
Bleuets (les).
Eugène et Georges.

CHEMIN D'ACCÈS — ROUTE DÉPARTEMENTALE

Côté droit.

Hôtel des Dunes.
Ermitage (l').

RUE DE LA LUNE

Côté gauche.	Côté droit.
Pêcheries (les).	Emma.
Cabine pour un canot.	Marie-Eugénie.
Maison de garde (Roberval).	Yolda.
A la naissance de la plage.	Constantia.
Dune (la).	Genêts (les).
	Jeanne et Marguerite.
	Jeanneton.
	Jeanne.
	Jeannette.

RUE D'ÉTAPLES

Côté gauche.	Côté droit.
Fauvettes (les).	Beau-Séjour.
Caroline.	Vague (la).
Chèvrefeuille.	Éclair.
Fleurettes.	Marie-Louise.
Coquelicots.	Bruyères (les).

RUE SAINT-ALPHONSE

Côté gauche.	Côté droit.
Canche (la).	Claudine.
Soldanelle (la).	Saint-Christophe.
Germaine.	Fougères (les).
Erstroff.	Violettes (les).
Bin-bin.	Denise et Charles.
M. Caron-Cousin.	
Marthe et Louise.	

RUE DE BRUXELLES

Côté gauche.	Côté droit.
Sans-Soucy.	Saint-Georges.
Sorbiers (les).	Alice.
A la Ménagère.	Graziella.
Troënes (les).	Halte-là.
M. Henri Morvillers.	Flora.

RUE SAINT-JEAN

Côté gauche.	Côté droit.
Saint-Jean	Stella Maris.
Jeannette.	Vert-Vert.
Jumelles (les).	Chauld-Nid.
M. Godin.	M. Paré.
Café Berger-Pick.	M. Troussel-Delattre.
M. Lion.	Café du Centre.
Hélène.	Amalia.
Café des Arts.	Saint-Jean-Baptiste.
Mûriers (les).	Clémence.
M. Maillard.	Henriette.
M. Froment.	Églantiers (les).
	Ronces (les).
	Peupliers (les).

RUE SAINT-LOUIS

Côté gauche.	Côté droit.
Alouette (l').	Grand Hôtel.
Tartarin.	Phares (les).
M. Pannier-Dumont.	Muguet (le).
Gaëtan.	Bel-Air.
Sainte-Marie.	Ramiers (les).
Berthe.	Saint-Paul.
Gustave-Oscar.	Saint-Paul (Petit).
Hôtel de Paris.	Eugène et Georges.
Sweet-home.	

RUE LENS

Côté gauche.	Côté droit.
Sainte-Barbe.	M. Guillemin.
Petit-Jean.	Pyroles (les).
Sapins (les).	Charmettes (les).
Villemessant.	Marie-Joseph (Mme Masson).
M. Ricquier-Tristram.	

PLAN DU LOTISSEMENT DES TERRAINS ET DES RUES DE PARIS-PLAGE

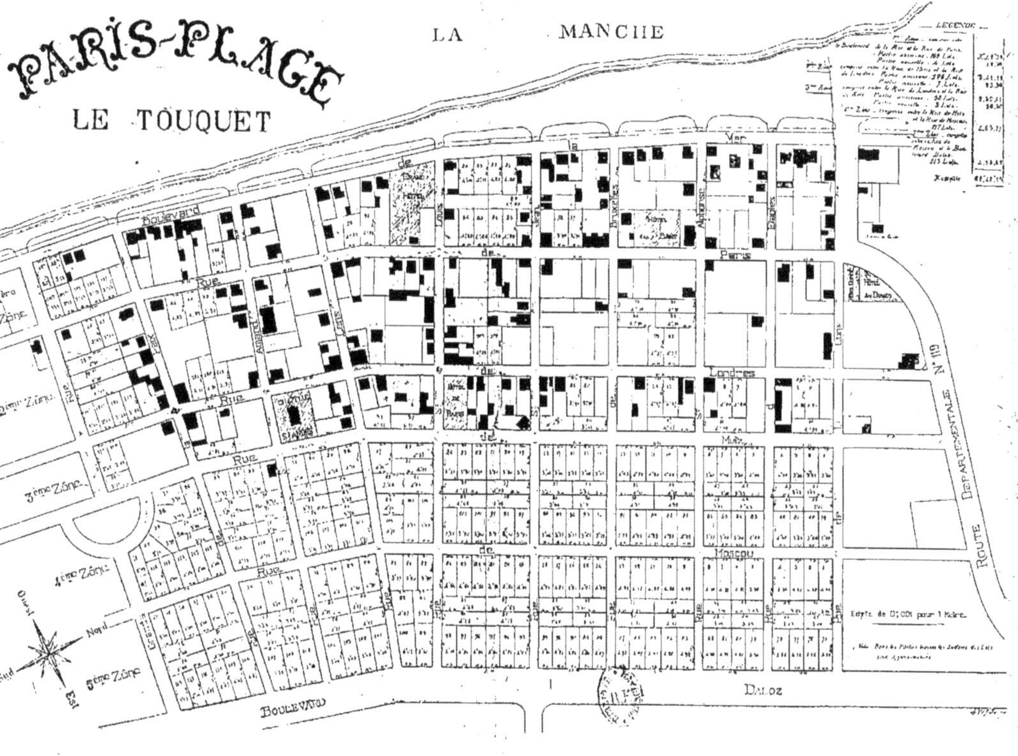

RUE SAINT-AMAND

Côté gauche.

Galets (les).
Oyats (les).
Ruche (la).
Saint-Bernard.

Côté droit.

Pélican (le).
Princesse Alice (les Bergeronnettes).
Roses (les).
Myosotis (les).
Hirondelles (les).
Tambourin (le).
Castagnettes (les).

RUE DE LA PAIX

Côté gauche.

Saint-Joseph (les Mouettes).
Mon Préféré.
Ami (l').
Mathilde.
Retraite (la).

Côté droit.

Saint-Hubert.
Speranza.
Algues (les).
Garennes (les).
M. Verdier.
Serpolet (le).
Passereaux (les).
Pâquerettes (les).
Abri (l').

GRANDE-RUE

(rue centrale)

Côté droit.

Saint-Michel.
Saint-Jacques.

II. Nomenclature, par ordre alphabétique, des chalets, villas et autres habitations, avec les dates d'origine.

N°	Nom	Date
1	Abri (l')	1888
2	Algues (les)	1893
3	Alice	1889
4	Alouette (l')	1892
5	Amalia	1891
6	Ami (l')	1889
7	Avant-Garde (l')	1883
8	Beau-Séjour	1890
9	Bel-Air	1892
10	Belle-Vue	1893
11	Berthe	1893
12	Bin-bin	1893
13	Bleuets (les)	1887
14	Boutons d'or	1893
15	Briochette	1893
16	Brise (la)	1890
17	Bruyères (les)	1892
18	Canche (la)	1893
19	Capucines (les)	1887
20	Caroline	1892
21	Castagnettes (les)	1893
22	Charles	1893
23	Charlotte	1893
24	Charmettes (les)	1892
25	Chauld-Nid	1891
26	Chèvrefeuille	1893
27	Cigale (la)	1892
28	Claudine	1887
29	Clématites (les)	1886
30	Clémence	1891
31	Colibri	1890
32	Concordia	1887
33	Constantia	1891
34	Coquelicots	1893
35	Courlis (les)	1891
36	Denise et Charles	1893
37	Dune (la)	1893
38	Éclair	1890
39	Églantiers (les)	1887
40	Emma	1888
41	Ermitage (l')	1893
42	Erstroff	1891
43	Eugène et Georges	1888
44	Fauvettes (les)	1890
45	Fleurettes	1893
46	Fleurs des bois	1893
47	Fleurs des champs	1893
48	Flora	1892
49	Fougères (les)	1892
50	Fourmi (la)	1892
51	Gabrielle	1887
52	Gaëtan	1892
53	Galets (les)	1891
54	Garennes (les)	1893
55	Genêts (les)	1891
56	Germaine	1892
57	Graziella	1890
58	Gustave-Oscar	1891
59	Halte-là	1887
60	Hélène	1893
61	Henriette	1891
62	Henry	1888
63	Hirondelles (les)	1888
64	Hortensia	1891
65	Iris (les)	1892
66	Jeanne	1892
67	Jeanneton	1892
68	Jeannette	1892
69	Jeanne et Marguerite	
70	Jeannette	1884
71	Jumelles (les)	1892
72	Louise	1887
73	Magali	1893
74	Marguerite	1889

75 Maria-Emelia. 1890
76 Marie-Eugénie. 1893
77 Marie-Joseph. . . . . .
78 Marie-Louise. 1891
79 Marie-Magdeleine. . . . 1891
80 Marine (villa). 1888
81 Marthe et Louise. . . . 1890
82 Marthe et Marie. . . . 1887
83 Mathilde 1886
84 Maurice 1888
85 Minerve 1889
86 Miramare. 1891
87 Mireille. 1893
88 Mon Caprice. 1887
89 Mon Plaisir. 1889
90 Mon Préféré 1892
91 Mon Repos. 1889
92 Muguet (le) 1892
93 Mûriers (les). 1893
94 Musette 1891
95 Myosotis (les) 1891
96 Noëmi 1887
97 Oyats (les). 1887
98 Pâquerettes (les). . . . 1888
99 Passereaux (les). . . . 1891
100 Pêcheries (les). 1890
101 Pélican (le) 1890
102 Perce-neige (les). . . . 1892
103 Perce-pierres (les). . . 1892
104 Perles (les) 1893
105 Petit-Jean 1892
106 Peupliers (les). 1891
107 Phares (les) 1888
108 Princesse Alice 1887
109 Pyroles (les). 1886
110 Ramiers (les) 1892
111 Retraite (la). 1892
112 Ronces (les) 1887
113 Roses (les). 1888
114 Ruche (la). 1892
115 Saint-Bernard. 1893
116 Saint-Christophe. . . . 1893
117 Saint-Georges 1885
118 Saint-Hubert. 1888
119 Saint-Jacques 1892
120 Saint-Jean. 1885
121 Saint-Jean-Baptiste . . 1891
122 Saint-Joseph (les Mouettes) 1888
123 Saint-Michel. 1894
124 Saint-Paul. 1891
125 Saint-Paul (Petit) . . . 1892
126 Saint-Pierre 1888
127 Saint-Raphaël 1894
128 Sainte-Barbe. 1891
129 Sainte-Marie. . . . 1893
130 Sans-Soucy 1887
131 Sapins (les) 1887
132 Serpolet (le). 1893
133 Soldanelle (la). 1888
134 Sorbiers (les) 1889
135 Speranza. 1889
136 Stella Maris 1891
137 Suzanne 1887
138 Sweet-home 1894
139 Tamaris (les) 1887
140 Tambourin (le) 1893
141 Tartarin 1892
142 Tom Pouce. . . . . . .
143 Troënes (les). 1892
144 Trois Frères (Aux) . . 1892
145 Vague (la). 1891
146 Vert-Vert 1893
147 Vigie (la). 1883
148 Villemessant. 1886
149 Violettes (les) 1892
150 Yolda 1891
151 A la Ménagère. 1887
152 A la Naissance de la Plage. 1882

153	A la Vraie Mode de Paris-Plage	1893	175	Hôtel des Dunes	1892
154	Au bon marché	1887	176	Jeux (Petits)	1893
155	Au Figaro	1891	177	Lion	1886
156	Boulanger (Mlle)	1893	178	Maillard (de Boulogne-sur-Mer)	1893
157	Boulangerie-pâtisserie	1893	179	Maison de garde (Roberval)	1882
158	Café Berger-Pick	1892	180	Mamez (Grisette)	1893
159	Café de la Gaîté	1889	181	Marie Codron	1893
160	Café des Arts	1890	182	Morvillers (Henri)	1893
161	Café du Centre	1886	183	Pannier-Dumont	1888
162	Caron-Cousin	1890	184	Pannier-Morel	1893
163	Cordier-Sergent	1892	185	Paré	1893
164	Cordonnier (de Lille)	1894	186	Ricquier-Tristram	1889
165	Delhaye-Roland	1893	187	Troussel-Delattre	1891
166	Douchain	1891	188	Verdier	1893
167	Froment	1894	189	Warin-Demarcy	1890
168	Godin	1894	190	Bureau des omnibus	1892
169	Guillemin	1888	191	Autre bureau	1892
170	Henri Bocquet	1890	192	Buvette Dessoulier	1884
171	Henri Elleboode	1888	193	Cabines de bain	1884
172	Hôtel (Grand)	1887	194	Cabine pour un canot	1892
173	Hôtel de Paris	1886			
174	Hôtel des Bains	1892			

Chapelle Saint-André	1888
Château et ferme	1864
Halle et Marché couvert	1887
Phares	1852
Poste de douaniers	
Sémaphore et Télégraphe	

III. Nombre de voyageurs.

1° Voyageurs munis de billets pour bains de mer *aller et retour*, depuis le 15 mai jusqu'au 15 octobre 1893.

A destination de Paris-Plage (gare d'Étaples) :

1re classe	200
2e —	1.100
3e —	2.900
Total	4.200

Paris-Plage occupe le 6e rang parmi les 14 stations balnéaires figurant sur le réseau du Nord, lequel comprend les trois grands ports de mer : Dunkerque, Boulogne et Calais.

2° Au total précédent il convient d'ajouter le nombre de voyageurs avec *billets simples* transportés ici par la Compagnie du Nord. Ce sont précisément, en majeure partie, ceux qui occupent les chalets et villas pendant la saison (1).

On atteindrait ainsi un chiffre assez élevé : ce témoignage officiel est entièrement favorable à Paris-Plage, dont la vogue va sans cesse grandissant.

On pourrait encore juger de l'importance prise par notre bourgade, née d'hier, en faisant le dénombrement de la population flottante qui l'envahit pendant quatre mois de l'année. Sa noble et fière devise :

Fiat lux, fiat urbs

s'applique et se justifie de plus en plus.

LA CHAPELLE SAINT-ANDRÉ

Placée sous le vocable et le patronage de saint André (2), la chapelle a été édifiée, dès 1887, sur un terrain donné par la famille Daloz. Le bâtiment, simple et sans orne-

---

(1) Nous avons pu, grâce à l'obligeance de M. le chef de gare, connaître le nombre exact des voyageurs descendus à la gare d'Étaples, du 1er juin au 30 septembre 1893. Ce nombre s'est élevé à la totalité de 14.881 voyageurs.

(*Note du Directeur.*)

(2) Une petite-fille de feu M. Daloz porte le prénom d'Andrée.

ment, n'a rien qui le recommande comme architecture ni comme sculpture.

Cette humble et modeste chapelle fut bénite avec solennité, le dimanche 8 juillet 1888, par M. l'abbé Queste, grand-doyen de Montreuil-sur-Mer, ayant comme prêtres assistants M. l'abbé Déplanque, curé de Cucq, et M. l'abbé Guérin.

Elle ne tarda pas à être beaucoup trop étroite, pour contenir l'affluence des fidèles qui se pressent dans son enceinte, aux heures des offices religieux; malgré les trois messes qui sont célébrées le dimanche, nombre de personnes ne peuvent pénétrer dans le saint temple. Pour obvier à cet inconvénient, un projet d'agrandissement a été adopté. Une partie des ressources nécessaires fut recueillie par souscriptions volontaires, offrandes, concert, loterie et tombola; les travaux les plus urgents sont commencés et seront terminés pour la prochaine saison balnéaire (1894).

Le devis comporte une dépense totale de 13.000 francs; la somme disponible en caisse s'élève à peine à la moitié de ce chiffre. Or la chapelle Saint-André est propriété de la commune de Cucq : il est donc impossible d'y toucher ou bien de la modifier, sans l'agrément et l'autorisation de l'autorité compétente. L'administration exige que les dépenses soient couvertes par un budget de recettes équivalent.

Le manque d'argent crée pour la petite et pauvre église un état d'insuffisance regrettable à tous égards.

COMMENT ON SE DISTRAIT

A PARIS-PLAGE

I

NOS PASSE-TEMPS

1° Sous les Pins.

Comme à Arcachon, nos baigneurs passent d'agréables après-midi sous bois. Des familles entières s'installent sur les mousses dorées qui tapissent la dune, et à l'ombre des pins qui exhalent leur odeur balsamique. On tue le temps chacun à sa façon.

2° Le Lawn-Tennis.

Les jeunes ont installé un tennis dans un endroit charmant qu'on appelait autrefois le *Champ de la guillotine* mais que les modernes ont baptisé du nom de Tennis-Court (1). Le lieu paraît avoir été créé à cet usage. Il est nivelé par les grands marais qui y laissent un limon gras, lequel en se desséchant forme un parterre dur et

(1) Le nom de *Les Pelouses* a également été mis en avant pour l'appellation de cet endroit. Il serait peut-être bon de consulter de

égal partout. Celui-ci est couvert d'un gazon ras et jaunâtre composé de plantes grasses minuscules. Comme cadre, la dune hérissée de mille buissons, et dans le fond les collines de la Canche. C'est le rendez-vous de la société select.

3° La Pêche aux Crevettes.

En compagnie de ces vigoureuses et belles filles d'Étaples qui se livrent à ce gagne-pain, nos élégantes paris-plageoises recherchent avec joie ce genre d'exercice. Pour la circonstance, on revêt une tenue spéciale où le chic a toujours la meilleure place. La moisson est souvent très abondante, car le Touquet est un endroit recherché pour cette pêche. Quelle joie pour nos baigneuses quand on revient fièrement, la hotte pleine et l'immense filet porté crânement sur l'épaule. Tableau !

4° La Cueillette des Hénons.

C'est à l'embouchure de la Canche qu'il faut chercher le précieux mollusque. Vous pouvez emporter de vastes mannes et amener une voiture pour les charger; car c'est par milliers que vous rencontrerez le coquillage. Il vous suffira de gratter le sable avec vos mains pour en découvrir des colonies. Tout ce petit monde vit en famille côte à côte, et, sous les pieds des chercheurs, grince et proteste à sa façon, vous arrosant les jambes par le décochement d'un jet d'eau vengeur mais inoffensif.

5° La Collection des Coquillages.

Les amateurs d'histoire naturelle sont servis à souhait sur notre plage. Nous en connaissons un qui, dans une

---

nouveau les baigneurs pendant la prochaine saison, par la voie du journal *Paris-Plage*, et d'adopter celui des deux noms qui recueillerait le plus grand nombre d'adhésions.

(*Note du Directeur*).

saison, a pu ramasser trente-deux espèces différentes en plus de vingt-cinq variétés chacune en moyenne : Ostrea, Nerites, Turritella, Pecten (peignes), les Toupies, les Oursins, les Couteaux, etc. ; rien ne manque à la collection du littoral.

Les raffinés recouvrent ces coquilles d'un vernis incolore au copal en plusieurs couches, et forment des ouvrages fort séduisants.

6° L'Herborisation dans la forêt.

La flore du Touquet est remarquable par la quantité prodigieuse de plantes qu'elle comprend, et surtout par la spécialité de ses variétés.

En première ligne, pour n'en citer que quelques-unes, la petite centaurée, les rhamnoïdes, la salix repens, la betterave sauvage, plantes poussant à l'état naturel dans les sables. Puis des œnothères jaunes, la menthe violette, l'eupatoire, diverses variétés d'epipactis (orchidées), de renoncules, des fougères, des valérianes, mille autres espèces enfin, dont la description formerait un volume.

7° La Pêche du Mulet.

C'est par le gros temps qu'a lieu cette pêche. Les rudes marins de Camiers traversent la Canche à un endroit guéable, et, au nombre d'une vingtaine, viennent au Touquet tendre leur parc mobile. Il faut attendre la marée montante; la troupe se partage en deux camps : la première se porte à 30 ou 40 mètres en avant. A un signal donné les hommes, deux par deux, s'avancent dans le flot, déroulent leur filet et s'empoignent la taille pour ne pas être emportés par la vague. Le parc circulaire formé, ils se rabattent sur la grève, ramenant les mulets quelquefois assez nombreux.

PÊCHEUSE DE CREVETTES A PARIS-PLAGE

8° La Levée des Parcs.

C'est toujours avec plaisir qu'on assiste à cette levée et qu'on voit Rivet entassant les victimes dans sa voiture. Mais où il faut voir cela, c'est au mois de septembre, quand le passage de la sardine donne. Toute la population féminine d'Étaples, en tenue plus que simplifiée, accourt pour avoir sa part du butin et souvent pour procéder au pillage. Dans chaque maille des filets un prisonnier se débat. Les pillardes, retroussées bien haut, contournent le parc encore à moitié enseveli sous l'eau, et, avant que le propriétaire n'arrive, se taillent une large part.

Malgré cela, c'est souvent par tombereaux qu'on ramasse ces poissons.

9° La Chasse au Gibier d'eau.

L'une des distractions favorites des baigneurs parisplageois est sans contredit la chasse au gibier maritime, parce qu'elle est des plus variées et tout à fait attrayante.

Le matin, à marée basse, les mouettes viennent par centaines s'abattre sur la grève, et nager dans toutes les flaques d'eau que la mer laisse en se retirant. La mouette se laisse difficilement approcher : au moindre bruit, elle disparaît à tire-d'aile et on ne peut guère l'atteindre. Mais, si vous avez la chance d'en abattre une, vous en tuerez alors autant que vous en désirerez. Vous n'avez qu'à laisser la victime sur le sable; bientôt des bandes nombreuses arriveront autour de celle qu'elles croient encore vivante. Vous pouvez approcher : car, ne voyant pas leur congénère s'envoler, les mouettes restent sur place avec opiniâtreté et s'offrent à vos coups.

Beaucoup plus savante est la chasse du courlis ou courlieu, cet échassier gracieux et élancé, perché sur de très hautes pattes et ayant un très long bec. C'est surtout dans la baie de Canche qu'on se livre à cette chasse. Voici la manière de s'y prendre.

Vous emportez avec vous : une grande toile à voile grise couleur du sable, une botte de paille, une bêche, et un ou deux courlis empaillés. Arrivé à l'endroit qui vous paraît propice, vous faites dans le sable un vaste trou, de la longueur de votre taille, de façon que vous puissiez y disparaître en entier; vous le garnissez de paille, et vous mettez la toile par-dessus, en la fixant assez solidement pour que le vent ne l'agite pas. Quand vous aurez terminé cette construction, vous aurez fait un *hutteau* (c'est ainsi qu'on appelle cette espèce de hutte souterraine). Vous placerez à quelque distance les courlis empaillés; puis vous vous tiendrez couché à plat ventre, dans votre cachette, jusqu'à l'approche de l'ennemi, qui ne tardera pas à arriver en nombre.

Cette chasse mouvementée suscite des amateurs passionnés. On cite un vieux douanier, à Étaples, qui s'y livrait constamment et avec frénésie; il réussissait toujours. Du reste tout dépend de la construction du hutteau pour laquelle il faut acquérir un véritable savoir.

Dans la baie de Canche, on peut encore tuer en grande quantité l'alouette de mer, qui ressemble un peu à une petite bécassine dont le bec serait moitié moins long. Ce gibier est excellent et fort recherché.

Le chevalier, la joie de mer, le grisard, le cul-blanc, la bécassine même, sont encore des oiseaux assez communs dans la baie. Les chasseurs au marais, particulièrement dans la vallée de Somme, les connaissent à merveille.

Toutes ces chasses peuvent être faites à pied, le long du littoral. Il en est deux autres plus accidentées et plus émouvantes : celle du goéland et celle du marsouin.

Pour chasser le goéland, il faut monter en barque ; car cet oiseau, beaucoup plus gros que la mouette, se tient toujours au large. Il est facile à toucher, mais difficile à ramasser, une fois tué.

Le marsouin est un cétacé du genre dauphin. Il recherche de préférence les estuaires, parce que le poisson y afflue davantage. Pour viser et tirer un marsouin, on doit attendre qu'il soit revenu de son plongeon. Aussitôt que la tête apparaît au-dessus de l'eau, un seul coup bien dirigé suffit à le tuer. L'animal ne tardera pas à remonter à la surface de l'eau, allant à la dérive; vous pourrez aisément vous en emparer.

Inutile de citer d'autres genres d'oiseaux fréquentant les parages de l'estuaire formé par l'embouchure de la Canche, puisque ces oiseaux ne s'y rencontrent pas pendant la période des bains de mer.

Ceux que nous avons énumérés occuperont amplement et agréablement les baigneurs qui sont possédés de l'ardeur cynégétique. Ce ne sont point les occasions qui leur manqueront (1).

---

(1) Au moment de mettre sous presse, nous recevons de M. Charles Candeliez l'article suivant sur *la Chasse à Paris-Plage*. Sa place se trouve toute indiquée à la suite de celui qui précède, et il ne fait que le compléter sans lui rien retirer de son intérêt. Nous sommes heureux de pouvoir offrir à nos lecteurs cet article d'un de nos concitoyens les plus expérimentés en matière de chasse au gibier d'eau et nous pensons aussi, en le publiant, être non seulement agréable, mais utile au plus grand nombre des chasseurs de notre plage.

(*Note du Directeur.*)

LA CHASSE AU GIBIER D'EAU

LA GRÈVE — LA MER — LA CANCHE

En jurisprudence, la chasse de mer paraît libre en tout temps. Dans l'ancien droit, la chasse des oiseaux de mer n'était soumise à aucun règlement. La loi de 1844 n'en parlant pas, nous pensons qu'elle n'a pas voulu innover. Nous nous considérons donc comme absolument libres, au Touquet, de chasser sur la grève ou en bateau et en tout temps, depuis au moins le pont d'Étaples. La chasse de marais et de rivière étant généralement ouverte dans les premiers jours d'août, nous pourrons à cette époque remonter en chassant jusqu'à Montreuil, si le cœur nous en dit. En tous cas, l'autorité est, au Touquet, peu tracassière, et jamais depuis cinq ans nous n'avons vu, bien qu'y passant une grande partie de notre temps, un képi ou un bicorne gêneur. On s'y contente de vous demander poliment votre port d'armes.

Les amateurs de chasse, et ils sont légion au Touquet, trouveront donc à peu de frais un des seuls plaisirs hygiéniques et de toutes les heures qui calme les nerfs surmenés par les longs travaux de l'année.

1° La Grève

De l'embouchure de la Canche à celle de l'Authie, est le rendez-vous de nombreux vols d'oiseaux d'une nature peu craintive, et qu'avec quelques précautions on approche à portée de fusil. En été, on y rencontre :

La sarcelle, — le vanneau, — les pluviers (grande variété), — les mouettes (toutes les espèces), — le goéland, — les petits échassiers (chevaliers, combattants, le bécasseau maubèche, l'alouette de mer, le tourne-pierres), — la barge, — la spatule, — le héron, — les sternes ou hirondelles de mer, — le cormoran, — le courlis, — la pie de mer ou huîtrier.

Nous conseillons pour cette chasse le fusil de calibre 12 — le premier coup chargé de petits plombs (n° 7 ou 8) et le second de gros plomb (n° 3) pour servir les gros oiseaux. Cette chasse est souvent très fructueuse.

Soyez vêtu légèrement pour pouvoir marcher beaucoup. Les jambes nues jusqu'au-dessus du genou, les pieds nus, ou mieux, chaussés de souliers à semelles de caoutchouc, pour éviter les coupures. Cet accoutrement vous permettra de parcourir sans ennui les mares que l'on rencontre à marée basse.

2° La Mer

L'été la chasse de mer ne donne que de faibles résultats, comparés à ceux que le chasseur d'automne, d'hiver ou du printemps peut attendre d'elle. Néanmoins, à défaut de la variété inépuisable d'oiseaux que l'on y trouve à ces époques, les coups de fusil y sont nombreux sur les oiseaux pêcheurs : goélands, — mouettes, — sternes ou hirondelles de mer, — cormorans, etc.

Habitués à pêcher en compagnie des embarcations, ils craignent peu la voile. Beaucoup, et nous sommes de ceux-là, trouveront un plaisir suffisant à louvoyer dans la baie, soit que la houle vous soulève puissamment, soit qu'une brise légère... mais, trêve de poésie !... ces plaisirs en sont pleins ; à ceux qui les ressentent d'en jouir, tant pis pour les autres !

Il est avantageux de faire cette chasse en haute ou moyenne mer, car, à mer basse, la côte étant découverte en certains endroits sur une grande étendue, les basses très nombreuses et riches en nourriture qui s'y trouvent, attirent les oiseaux qui, pour une notable partie, abandonnent la mer. Néanmoins, le hasard auquel, dans ce sport, on doit tout, déjoue bien souvent les dispositions que dicte l'expérience. Et puis, on embarque aussi comme l'on peut : cela dérange tant les journées d'être l'esclave des marées !

Une arme précieuse est le Winchester modèle 1893, à répétition, calibre 12 : robuste (elle supporte facilement 7 grammes de poudre) et rustique, elle ménagera utilement nos élégants fusils de chasse dont la mer est l'ennemi mortel. A son défaut, le calibre 12 bien chargé, plomb n°s 4 et 3, sera fortement graissé à la vaseline intérieurement et extérieurement, si vous ne voulez pas rapporter une barre de fer rouillée et irrémédiablement piquée.

Même par le beau temps, couvrez-vous, ou du moins emportez de quoi vous couvrir chaudement ; et aussi, comme le recommande notre maître du Fouilloux, munissez-vous de bons harnois de gueule. C'est un terrible apéritif que l'air de la mer !

Par un très beau temps (qui peut garantir un très beau temps ?), une petite embarcation, avec une simple misaine, deux hommes et des rames, est suffisante ; mais la mer a une mauvaise réputation qu'elle mérite, et mieux vaut prendre ce qu'à Étaples on appelle un sauterellier, bateau qui pêche la crevette, ou sauterelle dans le langage du cru. Il porte une misaine, un foc et un tapecul, et il est suffisant pour la chasse de côte.

Ces embarcations se louent sur le port d'Étaples, à un *Ramet* ou *Calouin* quelconque, les grandes dynasties de l'endroit. En août et septembre, les marins viennent solliciter une location aux portes des chalets. Leurs prix sont modérés et leur honnêteté généralement grande.

3° La Canche

En rivière de Canche, de même qu'en mer, la chasse se pratique de deux façons : à pied ou en bateau.

A pied, on longe avec précaution, et en se dissimulant, le ou les lits de la rivière, de la pointe de Lornel à Étaples. En été, le gibier y est abondant. On y trouve de nombreux courlis, mouettes, sternes, goélands, de grands vols d'alouettes de mer, de chevaliers, de culs-blancs, et en général tous les petits échassiers et pluviers dont la variété est grande.

Nous ne saurions trop recommander la plus grande prudence.

Ils sont rares les sinistres, mais on en cite. Vous chassez paisiblement dans le large lit de la rivière, un de ses courants que vous ne pouvez voir vous entoure ; quand vous vous en apercevez, il peut être trop tard si vous n'êtes bon nageur. Sinon, vous n'avez plus qu'une chance, celle problématique d'être aperçu d'une barque. Il y a aussi des terrains mouvants dont il faut se méfier et desquels on se tire péniblement. Mais ces deux écueils s'évitent avec un peu de sagesse : le premier, en ne chassant pas à la mer montante, ce qui est bien simple on le reconnaîtra, et le second, en reculant quand on s'enfonce, au lieu de s'entêter à traverser.

Entre le Touquet et Étaples, on trouve quelques centaines d'hectares de prairies et d'herbes marines, dites aussi les salades ou les perce-pierres.

Elles sont, à toutes les marées, recouvertes par la mer qui y a creusé un grand réseau de ruisseaux (*carniaux*, dans la langue du pays) ; à mer basse, ces ruisseaux sont profonds et très fréquentés par les oiseaux. Le chasseur, avec quelques précautions, les approche et les surprend facilement. Au mois d'août, les courlis, les chevaliers et les culs-blancs y sont nombreux. Le tir de ces derniers surtout y est fréquent et fort attrayant ; c'est aussi une bonne école. Mêmes vêtements et même plomb que pour la chasse de grève.

En bateau, les petites embarcations de mer y sont suffisante, soit que l'on tire des bordées entre Lornel et Étaples, soit que, traversant les ponts, on remonte jusqu'à Énoch, Rentin ou même Montreuil-sur-Mer.

Vers Énoch, il nous est souvent arrivé de tirer des vanneaux dont les vols nombreux peuplent les prairies.

Si la chasse n'est pas heureuse, tout arrive, vos marins, qui auront pris leur filet, pourront, au moment du jusant, tendre deux ou trois fois et prendre une truite.

Les amateurs de chasse à l'affût trouveront aux phares un gardien qui, muni de quelques oiseaux empaillés, leur installera un hutteau sur la côte. Ils pourront, sans fatigue et sans danger, y passer quelques heures agréables.

Un baigneur de la première heure.

10° Mille autres moyens.

Il y a encore bien d'autres façons de passer le temps agréablement.

Signalons seulement les promenades en bateau soit en pleine mer, soit sur la Canche. L'heure du bain, comme partout, est une véritable distraction et on forme la galerie. — Le jeu de croquet sur les beaux bancs de sable de la plage est toujours de circonstance. Les peintres, les aquarellistes et les portraitistes trouvent des études partout, et se livrent à mille compositions charmantes. — Les gens pratiques vont chercher de la passepierre dans la baie, ou cueillent de l'absinthe. — Les amateurs ramassent des pommes de pin dont ils font des petits travaux artistiques. On citerait ainsi et à l'infini bien d'autres moyens ; mais laissons un peu au baigneur le plaisir de chercher.

II

NOS PROMENADES

1° Les Phares du Touquet ou de la Canche.

Autrefois la pointe du Touquet était dépourvue de phare. Le clocher de l'église actuelle de Saint-Michel, à Étaples, en tenait lieu ; le service était fait à tour de rôle par les marins.

La fréquence des naufrages sur cette côte, jadis inhospitalière, fit construire une première tour en fer munie d'un fanal, laquelle fut plus tard reconnue insuffisante. La nécessité s'imposait de bâtir deux phares puissants, dont la protection fût efficace. Dès 1845, on procéda à l'établissement de ceux qui fonctionnent actuellement.

L'ensemble des constructions occupe, en pleine forêt, un vaste espace rectangulaire, ayant à peu près 600 mètres de longueur sur 300 mètres de largeur. Au milieu de l'enceinte s'élève un pavillon servant d'habitation au maître de phare, habitation qui est un bijou de propreté et de confortable.

Les deux phares sont placés chacun à l'une des extrémités du rectangle, et sont séparés l'un de l'autre par une distance de 250 mètres. Ils sont exactement orientés suivant la méridienne : pour les distinguer, l'un s'appelle phare Nord ; et l'autre, phare Sud. Tous deux sont reliés au bâtiment central par un fil téléphonique. Identiquement pareils, ils sont entièrement construits en briques sur un haut soubassement en marbre de Belgique : l'épaisseur des murs mesure 1m,90 dans le bas, et 1m,15 dans le haut; extérieurement ils sont peints tout en blanc. Ces colonnes géantes ont la forme de troncs de pyramides très allongés; les deux bases parallèles figurent des octogones réguliers. Le haut ressemble assez à de vieilles tourelles de style bysantin, comme les minarets, et possède un cachet tout à fait oriental.

La construction, commencée en 1845, fut achevée en 1852. Les lanternes étaient alors éclairées par des lampes à foyer intense et à mèches concentriques. Postérieurement on y installa la lumière électrique, ainsi que le système de lentilles à échelons.

Le feu fixe de chaque phare est à 58 mètres d'altitude. Pour parvenir au sommet, il faut gravir un escalier en spirale comptant 271 marches. Ces marches, tout en marbre de Belgique, sont disposées d'une façon particulière extrêmement curieuse : elles s'engrènent l'une dans l'autre et, à un bout, s'emboîtent de 25 centimètres seulement dans l'épaisseur du mur, sans le moindre appui du côté opposé. On peut ainsi plonger de toute la hauteur dans l'immense cage de l'escalier, lequel est fort bien éclairé du reste par cinq fenêtres latérales ménagées sur le parcours; une rampe courante prévient et empêche tout accident. Le fût intérieur a 4 mètres de diamètre.

Les deux phares, qui sont situés au sud de l'embouchure de la Canche et qu'on distingue nettement au départ de Folkstone, sont des phares de premier ordre ou de grand atterrage ; placés sur un point avancé en mer, ils jouent un rôle important dans la navigation.

Leur portée est de 21 milles marins, c'est-à-dire, à peu près 40 kilomètres. (Le mille marin qui, en France, égale 1.852m,2 est la longueur correspondant à un arc d'une minute en latitude à la hauteur parallèle moyen tracé à 45 degrés au-dessus de l'équateur.)

En pénétrant à l'intérieur de l'un quelconque des

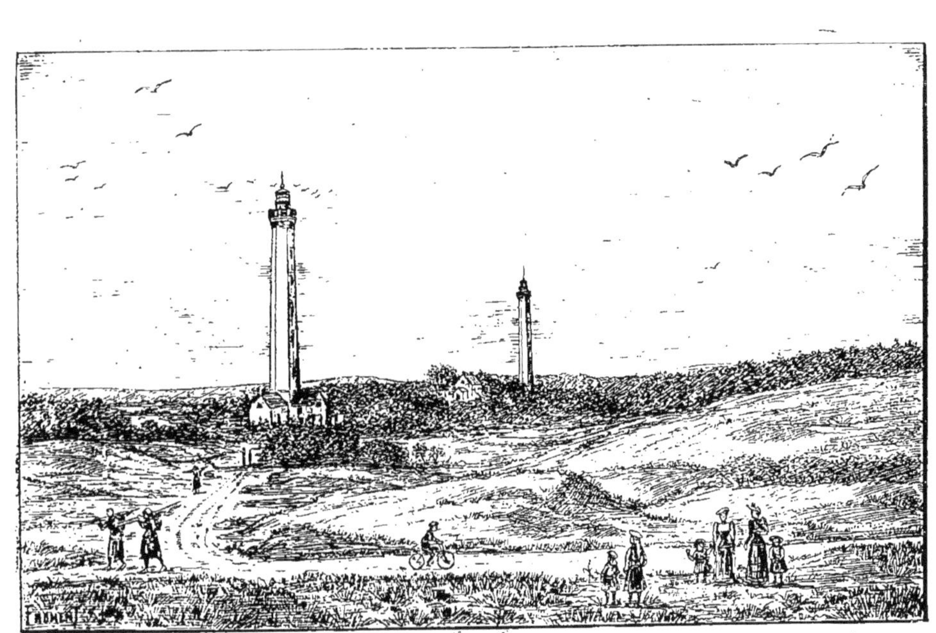

LES PHARES DU TOUQUET OU DE LA CANCHE

phares, le visiteur est aussitôt frappé par la décoration luxueuse du monument. Sur le sol, vous remarquez une belle rosace en marbre blanc et noir ciré ; dans le mur, en face de la porte d'entrée, vous apercevez un buste en bronze, celui du physicien Augustin Fresnel (1788-1827), qui orne le phare nord ; ou bien celui de Beautemps-Beaupré, qui décore le phare sud.

On doit d'abord monter 228 marches de marbre, avant d'atteindre un premier escalier en fonte, dont les 13 marches conduisent à la chambre de la pendule. C'est une pièce propre et soignée, garnie de lambris et d'armoires en chêne ; elle reçoit le jour par une fenêtre prise dans l'axe opposé aux cinq fenêtres dont il a été parlé plus haut ; une pendule à balancier en fait le principal ornement, et lui a donné son nom.

De là, par un nouvel escalier de moulin, également en fonte, on accède à la chambre du téléphone. Appartement très joli, dont les murs sont tout en marbre blanc poli ; le carrelage dessine une rosace en marbre noir et blanc, semblable à celle du rez-de-chaussée ; la salle est éclairée par cinq lunettes en glace dépolie encadrées dans le plafond. Au milieu, se dresse une forte colonne qui soutient la lanterne de l'étage supérieur : on aboutit à ce dernier étage par un escalier de 8 marches, toujours en fonte.

La voûte de cette pièce ultime, ainsi que le soubassement, est tout en cuivre rouge peint. Au-dessus du soubassement, tout le tour est composé de fortes glaces formant une série de triangles juxtaposés ; le parquet est en fonte striée. Au centre, émerge le splendide appareil de projection, qui envoie la lumière à l'horizon dans un rayon de 40 kilomètres.

Lorsqu'on se promène sur le balcon circulaire qui forme, pour ainsi dire, la couronne du phare, on jouit d'un superbe panorama. D'un côté, c'est l'immense forêt, ce sont les bords sinueux de la Canche avec Étaples dans

5

le bas et Montreuil sur la hauteur; d'un autre côté, c'est l'océan se confondant avec le ciel et, par un temps clair, laissant deviner les côtes d'Angleterre, c'est le phare de Douvres. Les côtes de Normandie se profilent distinctement, et on aperçoit souvent Fécamp.

Quand on aura effectué cette mémorable ascension, on pourra, avant de quitter l'établissement, compléter l'examen scientifique par la visite aux machines. Le magasin qui les renferme fait partie d'un petit enclos, en dehors du rectangle des phares, près de celui-ci et parallèle à la route d'accès.

C'est là que réside la source d'électricité. Deux machines à vapeur, de la force de six chevaux, entraînent un magnéto ou roue de fer aimanté; celle-ci actionne une plaque composée, dont la base essentielle est en cuivre rouge et qui produit les deux sortes d'électricité. Deux petits câbles, longs de 150 mètres, les conduisent au phare sud; tandis que deux autres câbles, longs de 200 mètres, les amènent au phare nord. Un troisième câble plus fort, émanant de chaque phare, ferme le circuit et assure le retour.

L'électricité est introduite dans l'appareil (système Lepeautre) par des fils se terminant en deux peignes de cuivre; ces peignes sont surmontés d'un régulateur (système V. Serien, de la maison Breguet). Le courant électrique enflamme deux crayons de charbon fixés sur le régulateur : ainsi surgit cette éblouissante lumière qui va se trouver centuplée dans l'appareil optique, à travers les douze tours de lames prismatiques en cristal. Phénomène bizarre à observer : par suite de l'échauffement, un même régulateur ne peut fonctionner que trois heures consécutives; afin d'empêcher l'interruption, deux autres régulateurs, tenus en réserve, sont tout disposés d'avance et substitués en quelques secondes.

Le service est assuré par un maître de phare, quatre gardiens et deux chauffeurs. Inutile d'ajouter que ces

VUE DE L'ANCIEN SÉMAPHORE A PARIS-PLAGE

gardiens, complaisants pour les visiteurs, sont toujours disposés à leur fournir gracieusement toutes sortes d'explications techniques.

Les phares sont visibles tous les jours de 9 heures du matin à 7 heures du soir.

Le chef de phare, M. Arnoult, est un horticulteur émérite qui sait joindre l'agréable à l'utile; le jardin potager et fruitier qu'il entretient avec beaucoup de goût, fait tout à la fois l'envie et l'admiration des connaisseurs.

Le Sémaphore.

Les sémaphores peuvent être définis comme des télégraphes aériens établis le long des côtes, pour signaler les navires en vue et correspondre avec eux.

Ils fonctionnent pendant le jour seulement, à l'inverse des phares qui brillent pendant la nuit.

On a adopté une série de signaux (système Chappe) qui traduisent un vocabulaire spécial et les termes usités dans la marine. Le nombre de ces signaux, beaucoup plus grand qu'on ne le croit généralement, est suffisant pour atteindre le but proposé.

Chaque sémaphore possède la collection des principaux pavillons qui indiquent et distinguent les diverses nationalités ainsi que les différentes puissances maritimes. Les jours de fête nationale, l'ensemble de ces drapeaux et étendards est arboré au haut d'un mât : ce qui produit un ample trophée multicolore flottant au souffle de la brise et d'un effet vraiment magique.

En outre, le service sémaphorique correspond quotidiennement avec le service météorologique, lequel est centralisé à l'observatoire de Montsouris. Il lui fournit des notes utiles et précieuses sur : l'atmosphère, l'état du ciel et de la mer, la force et la direction du vent, la variation de la pression marquée par le baromètre à certaines heures de la journée, les fluctuations du thermomètre, etc. Ces informations, qui se contrôlent mutuellement, servent aux pronostics et à la prévision du temps.

A ce propos, il convient d'expliquer ici une particularité intéressante. Quelquefois on aperçoit, au sémaphore de Paris-Plage, un cône hissé sur un mât : c'est le signal « *Attention* ». Lorsque le sommet du cône est à la partie supérieure, cela annonce une tempête allant du nord au sud en passant par l'est; tandis que le cône renversé, avec la pointe en bas, présage un cyclone marchand du nord au sud en passant par l'ouest, conséquemment accompagné de pluie et d'orage.

Toutefois ces signaux d'alarme ne sont pas toujours d'accord avec la réalité des faits. Cela tient à ce que la manœuvre du cône indicateur n'est pas laissée à l'initiative personnelle de celui qui dirige le sémaphore; elle s'exécute, au reçu d'un télégramme, d'après les ordres dictés par l'observatoire de Montsouris.

Jusqu'en 1892, le sémaphore était établi à proximité de la baie de Canche, sur la rive gauche de la rivière et vers la mer, au lieu dit la *Pointe du Touquet;* cet emplacement permettait aux marins du port d'Étaples d'apercevoir nettement les avertissements sémaphoriques, parce qu'ils n'avaient point devant eux, comme obstacle, le rideau des dunes formant écran et gênant la vue. Mais, d'un autre côté, les eaux de la mer avaient fini par abandonner le rivage primitif, laissant à découvert une portion de sable qui élargissait singulièrement la grève, de telle sorte que, malgré sa longue-vue, le chef-guetteur se trouvait trop éloigné des paquebots et des bateaux naviguant au large.

On se vit obligé de bâtir un nouveau sémaphore plus rapproché du littoral et dont l'horizon fût moins limité.

Le terrain, choisi sur une éminence pour favoriser les observations, se trouve situé maintenant dans la direction de Berck, à l'extrémité sud du premier lotissement.

Du haut de la chambre de guet, on découvre plus loin qu'on ne faisait auparavant.

Le personnel attaché au sémaphore a pour chef M. Osmont, un ancien et brave marin, bon et fidèle serviteur de l'État. Les étrangers sont toujours reçus avec politesse et courtoisie : c'est de tradition dans la marine.

Le sémaphore comprend comme annexe un poste télégraphique, ouvert au public pour les dépêches et la correspondance privée.

3° Le château Daloz.

Cette construction a été élevée dans un but pratique avant tout. Au début, quand la forêt n'existait pas et quand il fallait s'abriter contre le vent de mer, on devait préférer l'utile à l'agréable : il ne pouvait donc être question, à cette époque, de style ni d'art.

C'est pourquoi M. Daloz père édifia un vaste chalet, dont les murs en maçonnerie furent recouverts de ciment. Cela n'empêcha pas de donner à l'intérieur un confortable très satisfaisant. Les pièces, très vastes, ont grand air, et on peut dire que le château existe au dedans, s'il n'existe pas au dehors.

Le cadre des grands arbres qui l'entoure, les bosquets, les pelouses, la ferme, lui donnent un aspect souriant.

4° Le chemin de la Briqueterie.

Pas loin du château, se trouve une vaste pâture, à gauche. Entre cet espace et la route, on rencontre un chemin très ombragé qui servait autrefois, selon la tradition, à l'exploitation d'une briqueterie. A l'entrée, un banc dans un bosquet est toujours occupé par les baigneurs, qui viennent se reposer l'œil des tons aveuglants de la plage. Ceux qui aiment l'isolement pourront, de ce côté, faire une promenade solitaire et sentimentale à la fois.

VUE DE LA FERME PRÈS DU CHATEAU

5° Étaples.

Étaples, le Stapulæ des Romains, se perd dans la nuit des temps. Cependant il est prouvé qu'à l'époque de Quentovicus (bourg de la Canche) et dont la destruction remonte à 881, ce n'était qu'un petit village sans importance. On a bien essayé de confondre les deux pays ensemble, mais il a été péremptoirement démontré que Quentovic se trouvait sur la rive gauche au pied de la colline de Saint-Josse.

Dès le Xe siècle, Étaples se développe et devient un bourg. En 1171 Mathieu d'Alsace, comte de Boulogne, y construit un château fort. Celui-ci fut démantelé en 1595; mais néanmoins, jusqu'à la Révolution, le roi y nomma un gouverneur. Aujourd'hui il n'en reste plus que de misérables ruines.

Étaples fut ravagée plusieurs fois par les Anglais; mais elle eut surtout à souffrir le 3 décembre 1378, et dans cette triste journée elle fut presque détruite. Des conférences pour la paix y eurent lieu entre la France et l'Angleterre en 1492, mais elles n'eurent aucun résultat. Elle fut encore très éprouvée pendant les guerres de religion. Ses habitants, zélés ligueurs, soutinrent un siège fameux contre le vice-amiral de Bernet. Sommés de se rendre par ce dernier, ils mirent son parlementaire à mort et se retranchèrent dans la forteresse; mais ils l'abandonnèrent à l'arrivée des troupes du duc d'Épernon.

Il ne reste de la domination anglaise qu'une seule trace, un écusson de marbre blanc représentant les armes du chancelier, de l'Échiquier avec la date de 1571 sur la maison appartenant à Me Couturier, notaire à Amiens.

Étaples a vu naître Jacques Lefebvre, qui laissa des commentaires célèbres sur Aristote, les Psaumes et les Évangiles.

LES QUAIS D'ÉTAPLES

Comme monuments : l'église des XVIIe, XVIIIe et XIXe siècles, dans laquelle on vénère une vierge appelée Notre-Dame de Foy. Confrérie érigée en son honneur et sur les tableaux de laquelle on retrouve toutes les notabilités de l'endroit avant la Révolution ; l'hôtel de ville, de construction moderne; la halle; un tumulus à l'entrée du pays. — On y trouve également un ancien cimetière abandonné depuis le XIVe siècle. Sur la Canche il y a un pont de 500 mètres, moitié en fer moitié en charpente, sur lequel passe la route de Berck.

Ce pays, de 3.350 habitants, a beaucoup de mouvement, surtout les jours de marché. Le port est également très curieux au moment de la rentrée des bateaux de pêche toujours très nombreux. La population est essentiellement composée de marins; la pêche est sa seule ressource.

Depuis plusieurs années une colonie d'artistes peintres, aujourd'hui importante, est venue se fixer à Étaples. Chigot est le chef de cette école qui comprend aujourd'hui des artistes de mérite. Les étrangers dominent, surtout les Américains. Le pays se ressent de ce contact d'une façon heureuse, car la prospérité avec l'art s'est assise au foyer de plus d'un habitant.

6° Les bords de la Canche.

Les bords de la Canche sont tout simplement adorables. Que de familles viennent s'installer sous les sous-bois qui dominent. Là, on est à l'abri des vents d'ouest; là, on a la jouissance de l'œil ; là, s'éveillent, chez les plus indifférents, les émotions artistiques. Qui ne se rappelle les brillantes études faites par le peintre Japy en ce merveilleux endroit, et que tout Paris admira dans la galerie Georges Petit? Ces collines du Boulonnais avec leurs tons vagues, ces rivages découpés, ces broussailles aux tons chauds, donnent l'impression des bords du Tibre. Impression inoubliable !

7° La grande butte près de la digue.

Pour se rendre compte de l'étendue de la forêt du Touquet qui compte actuellement 800 hectares, il faut réellement faire l'ascension de cette butte. De là, les horizons de verdure reculent à l'infini : les cimes se groupent, ondulent, s'élèvent, s'abaissent, laissent percer des lointains bleus, deviner des profondeurs sombres. Et d'en haut, quel spectacle! la plage, les chalets, les phares, la baie, Étaples, la Calotterie, Montreuil, Saint-Josse, Berck, la mer sans limites : tout cela se présente tour à tour aux yeux du touriste qui demeure ahuri et confondu devant un tel tableau.

8° La maison du garde dans la grande plaine du Cucq.

(Voir plus loin l'excursion à la ferme de M. Petit.)

9° Les Douaniers.

C'est dans un endroit rempli de souvenirs terribles que se trouve établi le poste des douanes de Trépied. Les naufrages furent nombreux autrefois au Touquet, avant l'édification des phares. Dans l'immense cirque naturel où la tempête vient encore mugir, les malheureux naufragés étaient enterrés côte à côte. Aujourd'hui leurs ossements blanchis se mêlent au sable et évoquent l'histoire de dramatiques épopées. De petites cahutes en bois et en oyats servent d'abris aux douaniers. Un hangar où se trouvent : des instruments de sauvetage, un canon porte-amarre, des produits pharmaceutiques, est établi près du poste central, sur lequel on lit : « Douanes de Trépied. »

10° La grande Dune blanche.

Un autre lieu non moins sévère par son aridité, c'es la grande Dune blanche. Ceux qui n'ont jamais vu le

DÉPART POUR LA PÊCHE A ÉTAPLES

DÉBARQUEMENT DU POISSON A ÉTAPLES

Sahara pourront s'en faire une idée en cet endroit, qui se trouve à moitié route de Trépied et de Cucq, comme direction, mais non loin de la plage. On s'y rend du reste par le littoral. Très belle vue de ce point : c'est un dédommagement apporté à la fatigue qu'on éprouve pour s'y rendre.

11° Les bouées.

A marée basse, beaucoup de baigneurs vont visiter les bouées qui marquent les différentes passes que fournit la Canche en se jetant dans la mer. Celles-ci, rouges ou noires, suivant les endroits, sont en tôle de fonte, et il faut être près pour se rendre compte de leur importance. Il ne faut pas songer faire cette promenade sans être jambes nues. En route vous rencontrez les intrépides verrotières à la recherche du précieux appât. Des bandes de grisards immenses s'envolent à votre approche, vous laissant bien seul dans l'immensité.

12° La plage de Camiers.

Traversez la Canche dans un de ces petits bateaux qui sont toujours là à marée basse, en prenant vos précautions pour le retour.

Vous vous rendrez compte de ces lignes noires qu'on aperçoit de notre plage et qui intriguent tant. Ce sont des bancs d'une tourbe compacte ou plutôt d'un lignite formé par une forêt ensevelie aux temps préhistoriques. Les gens de Camiers transportent le combustible dans la dune pour le faire sécher. Dans les cavités formées par l'extraction, des pêcheurs tendent des hameçons pour l'anguille.

A quelques pas de là on rencontre les restes d'un ancien phare qui précéda ceux actuels. Au loin les pointes de Lornel et d'Equihen.

III

NOS EXCURSIONS

1° La ferme de M. Petit.

Pour faire cette charmante excursion, il faut se rendre, à pied ou en voiture à baudet, à travers la forêt, dans la *Grande-Plaine de Cucq*. On revient par la route de Berck. Mais les touristes qui craindraient la fatigue feront bien de se prémunir d'un attelage pour le retour.

On passe devant le château Daloz. Si on ne connaît pas le sentier qui mène à l'intersection des chemins de la Grande-Plaine et de Trépied, on va jusqu'à l'endroit où se trouve une plaquette clouée sur un arbre et sur laquelle on lit : « Chemin de la Grande-Plaine de Cucq. »

Cette voie est bonne; on y marche facilement. La chaussée est empierrée à l'aide de pierres à chaux seulement ; mais comme la circulation y est peu active, le sol y est toujours ferme.

Traversée successive d'espaces boisés et chargés de mille fleurs, de dunes plantées de pins maritimes, d'endroits ombragés et frais; beaux points de vue sur la Canche; oasis entourées de hautes dunes couronnées de bois.

On arrive à une maison de garde à l'entrée de la Grande-Plaine. La femme, toujours aimable, vous octroie volontiers pain, beurre et lait. Au loin, sur la droite, on découvre la haute *Dune blanche* se confondant avec le ciel; à gauche, les profondeurs noires de la forêt à perte de vue. Traversée d'une véritable brousse rappelant les vastes étendues sauvages du Nouveau-Monde.

Après trois quarts d'heure environ, on pénètre dans un sous-bois touffu et plein de fraîcheur. Vous êtes dans la forêt de M. Petit. La végétation y est plus souriante qu'au Touquet. Les chemins sont tapissés d'un beau gazon vert; le terrain paraît légèrement marécageux. Des vaches paissent par-ci, par-là, et annoncent par leur joyeuse clochette l'approche d'une ferme. On y trouve un excellent accueil et tout ce dont on a besoin pour une délicieuse collation.

Cette nouvelle forêt se prolonge presque jusqu'à Mermont sans perdre son caractère.

Pour revenir, on prend le chemin qui sort du fond du marais de Cucq. Celui-là, près de la ferme, s'engage en défilé dans la dune hérissée de pins. On gagne bientôt la prairie et on débouche sur la route de Berck, à l'entrée du marais.

2° Excursion à Cucq par la ferme de M. Petit.

On fait l'excursion précédente. Arrivé dans le fond du marais de Cucq, on prend un sentier qui coupe en oblique, et on aboutit à l'entrée du village sur l'esplanade, près de l'estaminet Prévost-Wacogne. (Voir l'excursion de Cucq par la route de Berck.)

3° Trépied.

Tourner au café de l'Espérance en sortant de la forêt du Touquet, et prendre la route de Berck.

La dune boisée descend jusque sur la route. Bientôt apparaissent par-ci, par-là, et à d'assez grands intervalles, des maisonnettes rustiques, souvent couvertes de chaume, ayant chacune leur enclos de haies vives et assises au milieu d'un pré ou d'un jardin. Et cela dure pendant des kilomètres.

La route tortueuse et noyée dans la verdure semble à

chaque minute sans issue. Elle est ombragée par des arbres à la végétation désordonnée et primitive, formant une voûte impénétrable aux rayons solaires. De temps à autre, un sentier sous bois s'en détache et invite le promeneur à s'égarer; mais, après mille détours incompris, il vous ramène à la route que vous avez quittée. En somme, charmant hameau rappelant la Normandie dans ses coins les plus intimes et les plus poétiques.

Les habitants, pauvres, se contentant de fort peu pour vivre, n'ont d'autre ambition que celle de s'abandonner à l'enivrement de la nature, vraiment belle en cet endroit.

La principale branche de commerce du pays consiste, pendant la saison des bains, à envoyer de blonds enfants, jambes nues, le pantalon retenu par des ficelles et un bout de chemise passant quelque part, à la poursuite des voitures de touristes. Un bouquet piqué au bout d'un bâton, ces petits malheureux s'égosillent pendant des kilomètres à crier d'un ton monotone et cadencé : un petit sou! un petit sou! Étude de mœurs parmi tant d'autres!

La colonie artistique d'Étaples trouve dans ce milieu des études sans fin et des compositions d'un grand caractère.

4° A Trépied par la forêt.

Suivre le même itinéraire que pour se rendre à la ferme de M. Petit. Si on a pris, non loin du château Daloz, le sentier qui conduit au chemin de Trépied, il n'y a qu'à continuer. Si, dans la crainte de se perdre, on s'est engagé sur la route menant à la Grande-Plaine, quitter cette dernière à la rencontre du chemin de Trépied et prendre cette nouvelle voie.

Les sites que l'on traverse ont le même caractère que dans l'excursion précédente. A remarquer cependant une plaine circulaire toute entourée de hautes dunes boisées.

Cette espèce d'amphithéâtre naturel pourrait bien un jour devenir l'hippodrome de Paris-Plage.

On arrive dans la région des hauts plateaux. L'aspect change : la végétation devient sévère.

Cependant une percée en profondeur semble s'être manifestée sur votre gauche. Vous vous dirigez vers la lumière et vous êtes étonné de vous trouver comme sur un versant de montagne. Les dernières maisons du hameau de Trépied apparaissent dans le fond de la vallée presque perdues dans des massifs d'une verdure jeune et printanière. Le contraste est saisissant. (Voir l'excursion de Trépied par la route.)

5° Cucq.

Quand on a dépassé Trépied, on ne tarde pas à arriver dans l'immense marais de Cucq. Dans le fond, tout autour, des fermes et des villas à moitié ensevelies dans des masses vert bronzé, et par-dessus les dunes blanches s'enlevant sur le ciel.

On arrive à un calvaire chargé des instruments de la Passion, comme on en voit partout dans la contrée. Puis on débouche sur une vaste place gazonnée, entièrement encadrée de hautes haies et bordée de grands arbres; endroit charmant, où les excursionnistes de Berck et de Paris-Plage s'arrêtent avec joie, pour descendre à l'estaminet Prévost-Wacogne.

Cet établissement, coquettement tenu par Émilie, la gracieuse femme d'Émile et la maman d'Émilienne, est le rendez-vous select, où baigneurs et promeneurs de toute paroisse viennent goûter et se désaltérer. Beurre exquis, lait non frelaté et concurrençant celui du Bois de Boulogne, consommations de premier ordre, et, comme assaisonnement, l'aimable babillage d'Émilie, toujours en veine de drôleries.

Il faut surtout voir cela le jour de la fête, qui tombe

fort heureusement pendant la saison. L'esplanade est couverte de baraques : c'est le tir de pipes, le massacre des innocents, la boutique du tirloteur; et avec cela les chevaux de bois faisant un vacarme infernal. Chez Émilie, dans la cour, bal public où toutes les élégantes du pays, qui en robes vert pomme, qui en jaune paille, s'empoignent avec les beaux jeunes gas du village, se pâmant de joie et de bonheur. Danses de caractère, orchestre à grand effet, où le piston et le crincrin luttent pour s'éclipser, mais où le trombone domine vomissant des éclats à fendre les oreilles. Flans de toute nature à consommer sur place ou à emporter. Il n'y en a jamais assez, dit-on, pour les Paris-Plageois. Promenades sentimentales dans les petits coins et recoins du pays, parmi tous les êtres de la création, en compagnie souvent de M. de Saint-Antoine. Règne de la nature dans toute l'acception du mot et aussi de la peinture! Endroit longtemps fréquenté par Breton, qui y fit son fameux tableau *Les Communiantes*, aujourd'hui au Luxembourg, paraît-il. Très pittoresque église avec ses petites fenêtres ogivales et son clocher à n'en plus finir, ayant eu probablement trop d'inspiration vers le ciel et inclinant maintenant vers la terre.

En somme, bonne journée à passer dans ce pays pour les artistes et les poètes.

Cucq possède 829 habitants. Comme territoire, c'est une des plus importantes communes de France. La mer, en se retirant sans cesse depuis des siècles, lui a taillé une part vraiment royale.

6° Villiers.

Hameau de 187 habitants, dans le genre de Cucq, et dépendant de la commune de Saint-Josse.

Pour s'y rendre, prendre à Trépied la route qui se détache à gauche de celle de Berck. Vous sortez bientôt dans la campagne et traversez la ligne du chemin de fer de Boulogne. Vous la côtoyez presque jusqu'à l'entrée de cet aimable pays.

En arrivant, une saulée dans un abreuvoir, qui, lorsque les eaux sont basses, est assez curieuse avec toutes les racines des arbres devenues aériennes.

Les maisonnettes se présentent coquettes et propres. Par-ci, par-là des enfoncées sous bois, comme dans toute cette région.

Une petite villa avec arbres palissadés et taillés à la Le Nôtre, des jardinets élégants et étincelants de fleurs, révèlent de la part des habitants le goût et le sentiment du beau.

7° Saint-Josse.

En poursuivant tout droit, au sortir de Villiers, on arrive au pied d'une côte rapide : c'est la montée de Saint-Josse.

Autrefois la mer venait battre toute l'étendue de terrain qui se trouve au pied de la colline et qui englobe aujourd'hui Berck-Plage, Merlimont, Cucq, Villiers, le Trépied, le Touquet et Paris-Plage. Le sol composé en partie de limon d'alluvion, semblable à celui actuel de la Canche, en partie de sable et de coquillages, ne laisse pas de doute à ce sujet. Selon toute probabilité, la ville de Quentovic, aujourd'hui disparue, devait se trouver au pied de la montagne et servait de port. Après sa ruine, Étaples, simple village alors, sur l'autre rive, prit du développement et remplaça la cité anéantie.

Du haut de la côte on découvre le panorama de la forêt et de la baie de Canche, les phares, les chalets de Paris-Plage et la mer par-dessus le tout.

A signaler, en arrivant, une très belle maison de campagne à droite. Sur la grande place est édifiée l'église, dans un style moderne, qui fait regretter l'ancienne. Le chœur seul de cette dernière, appartenant au XVIe siècle, a été conservé. On y vénère une relique de saint Josse, enchâssée dans un bras en bois doré. On remarque un tableau sur bois représentant plusieurs sujets dans le même cadre : 1° Juthaël, roi de Bretagne, et sa femme instruisant leurs enfants, au nombre desquels saint Josse; 2° saint Josse béni par une main miraculeuse pendant la célébration de la messe; 3° la découverte du corps de saint Josse et la translation de ses reliques.

Un pèlerinage a lieu chaque année en l'honneur de ce saint, le jour de la Trinité.

Il ne reste aucun vestige de l'ancienne abbaye, pourtant si célèbre et si puissante au moyen âge. Celle-ci fut fondée par Haymon, comte de Ponthieu. Elle traversa des jours heureux, mais en même temps bien des vicissitudes avec toutes les invasions qui ravagèrent la Picardie. Elle ne put cependant surmonter la tourmente révolutionnaire de 1793, et elle tomba à cette époque pour ne plus se relever.

L'abbé de Saint-Josse, au moyen âge, avait sous sa vassalité un nombre considérable de petits seigneurs. Chaque fois que le comte de Ponthieu, de qui il relevait, se trouvait en guerre avec le comte de Boulogne, il les conduisait lui-même à son service.

L'abbaye jouissait d'un nombre considérable de privilèges; entre autres, elle possédait celui d'exercer seule le droit de pêche sur les rivages de la mer aux environs de son domaine, ainsi que dans les eaux de la Canche.

En résumé, il ne reste donc à Saint-Josse que des souvenirs. Heureux les pays qui ont encore la ressource d'en posséder !

Pour revenir à Paris-Plage, on peut prendre la route qui descend vers la Calotterie et suivre le premier chemin à gauche ramenant vers Villiers.

C'est une des plus belles promenades que le touriste

puisse s'offrir. On descend une côte assez rapide au milieu d'un déluge de verdure.

A gauche, le château de Saint-Josse est agréablement situé au milieu d'un parc séculaire, présentant des accidents de terrain d'un beau mouvement et planté d'arbres gigantesques. A droite, des bois étagés gravissent la colline toute chargée de fougères, de genêts et de bruyères. Des chênes tourmentés par le vent de mer s'élèvent avec des silhouettes étranges. Une fraîcheur incomparable, entretenue par des sources descendant de la hauteur, facilite ce débordement de végétation.

Au pied de la côte se trouve une métairie abandonnée. C'est là que se trouve la route signalée plus haut qui vous ramènera à Villiers et de là à Paris-Plage.

8° La Calotterie. — Château de M. de Prémont. — Château de M. de Longeville.

Pour se rendre dans ce ravissant pays, véritable réminiscence de la belle Bretagne, au dire du peintre Japy qui explora ce coin du Pas-de-Calais il y a quelques années, on doit se rendre d'abord à Villiers. Mais au lieu de monter la côte à Saint-Josse, on tourne à gauche en sortant du village et on prend le chemin qui conduit au château de M. Godin.

De là on prend à droite et on arrive à la petite métairie abandonnée, signalée dans l'excursion précédente.

On se trouve sur la route de la Calotterie et il n'y a plus qu'à suivre.

C'est la continuation de cette promenade si pittoresque, que nous avons décrite à la sortie de Saint-Josse. Végétation exubérante, arbres séculaires formant berceau au-dessus des promeneurs.

D'un côté, la voie assez élevée domine la prairie toute semée de pommiers cassés et tordus; de l'autre, un fouillis inextricable de fougères géantes, d'ajoncs marins, de clématites, de ronces et de chèvrefeuilles, dominé par des chênes et des hêtres, les uns et les autres de forme capricieuse, contrariés par la tempête dans leur poussée et par cela même d'un grand caractère.

De distance en distance, une maisonnette rustique, avec son enclos verdoyant, rappelle que ces lieux sont habités. On ne le soupçonnerait guère, tant la nature y est sauvage et primitive. A un certain endroit, une route à gauche, bordée de hauts peupliers, traverse la vallée et passe sur un pont de bois jeté sur la Canche. On peut retourner par là à Étaples.

En continuant plus avant, on rencontre un chemin qui monte à droite et qui conduit à un endroit appelé Monthuis. C'est là que s'élève le magnifique château appartenant à M. VAN CAPPEL DE PRÉMONT.

Quand le temps est clair, on aperçoit du pont d'Étaples, une masse blanche jetée au milieu d'un bosquet sombre, sur une hauteur, dans la direction de Montreuil : c'est cette propriété que l'on voit.

L'entrée du parc est annoncée par deux colonnes de pierre, surmontées des fameux chevaux de Marly que l'on voit aux Champs-Élysées, à Paris. Il n'y a pas de porte. L'accès paraît libre, et il l'est en effet, grâce à l'obligeance du châtelain de l'endroit, qui autorise la traversée de son parc, à pied et même en voiture. Le château, tout en pierre de taille, avec terrasse et balustres, a vraiment un aspect seigneurial et imposant.

La traversée du domaine de MONTHUIS procure une promenade des plus agréables. Le terrain, très mouvementé, est boisé presque partout. Tantôt il s'élève en collines verdoyantes, tantôt il forme des vallons, laissant percer des lointains de toute beauté. Parmi ceux-ci le plus remarquable est celui où on découvre MONTREUIL, avec ses remparts et sa citadelle.

On descend sous bois vers LA CALOTTERIE. Ce petit village, qui ne comprend que 438 habitants, est fort rustique.

Son église très modeste, en pierre, et dans le style gothique, ne manque pas de charme. On y remarque une chapelle castrale où sont enterrés les membres de la famille SIRIEZ DE LONGEVILLE. Les épitaphes, bien conservées, sont du plus haut intérêt.

Mais la plus grande curiosité du pays réside dans la promenade aux alentours du château de LONGEVILLE. Celui-ci, situé en façade sur la route de MONTREUIL, est campé dans un parc splendide, au bas d'une colline, gazonnée jusqu'à son sommet, et bordée de chaque côté de bois savamment plantés. L'aspect est grandiose.

Le parc, admirablement tracé, est d'un grand effet avec sa pièce d'eau et ses petits ruisseaux. On admire un bosquet de hêtres pourpres produisant un heureux contraste. Les points de vue ont été partout ménagés, et de quelque côté que l'on se place, l'impression reste toujours séduisante.

Cependant ce château n'est pas entièrement terminé. Une partie encore existante de l'ancien, fait juger des proportions du nouveau, qui, lorsqu'il sera terminé, sera vraiment imposant.

9° **Montreuil-sur-Mer.**

Il faut une journée pour faire cette excursion. On peut s'y rendre en chemin de fer D'ÉTAPLES ou en barque en remontant LA CANCHE. Mais nous préférons de beaucoup le passage par LA CALOTTERIE et en voiture.

Au-dessus de ce dernier village on rencontre LA MADELEINE, qui est presque un faubourg de MONTREUIL, et on arrive aussitôt sous les remparts de l'antique cité.

MONTREUIL-SUR-MER est le chef-lieu de l'arrondissement du même nom, dans le PAS-DE-CALAIS. On y compte 3.300 habitants.

Perché comme un nid d'aigle sur une haute colline,

cette ville domine toute la vallée de la Canche jusqu'à la mer.

Elle doit son nom au substantif latin *monasteriolum*, petit monastère fondé par SAINT SAUVE, évêque d'Amiens. Tour à tour, sous la domination du COMTE DE PONTHIEU et du COMTE DE FLANDRE, elle fut réunie à la couronne sous HUGUES CAPET.

Les fortifications de MONTREUIL sont encore à peu près intactes, de même que la citadelle, qui sert aujourd'hui d'hôpital aux jeunes militaires malades de l'école d'infanterie. C'est dans son enceinte que se trouve la TOUR DE LA REINE, où fut enfermée, selon la tradition, la femme répudiée de PHILIPPE Ier, la REINE BERTHE. Cette tour serait le dernier vestige du palais que les rois de France firent construire à MONTREUIL.

Parmi les églises, la plus remarquable est celle de SAINT-SAULVE, commencée au XIIe siècle et terminée au XVIe. On y remarque des fonts baptismaux du XIIe siècle, qui, bien que restaurés, ont encore un grand intérêt archéologique. Sous la tribune, se trouve un tombeau du XIIIe siècle, représentant un chevalier couché, qui pourrait bien être un COMTE DE PONTHIEU. La sacristie renferme une fort belle cassette byzantine du XIe siècle, une crosse abbatiale ayant appartenu à SAINTE JULIENNE DE PAVILLY et qui serait du IXe siècle, ainsi que divers reliquaires antiques.

L'hôtel de ville est construit sur l'emplacement de l'ancienne abbaye de SAINT-SAULVE.

Il faut visiter aussi l'HÔTEL-DIEU, fondé en 1200, et surtout la chapelle. Celle-ci, bien que moderne, renferme un porche du XVe siècle, fort apprécié par la finesse de ses sculptures. On y admire un RUBENS représentant la DESCENTE DE CROIX, de jolies boiseries et un retable tout en cuivre doré du XVIIe siècle. La salle du conseil renferme un Christ exécuté, dit-on, par VAN DYCK.

On peut encore visiter l'ancienne abbaye de SAINTE-AUSTREBERTHE, occupée aujourd'hui par un pensionnat.

La principale promenade à faire à MONTREUIL, est celle des remparts, d'où l'on découvre un panorama splendide et des points de vue de toute beauté. Du côté de la mer la BAIE DE CANCHE, ÉTAPLES, le TOUQUET. Du côté opposé la CHARTREUSE DE LA NEUVILLE avec tous ses clochetons se profilant sur un horizon sans fin.

On ne peut aller à MONTREUIL, sans visiter la CHARTREUSE DE LA NEUVILLE; mais comme on a rarement le temps de voir, dans une même journée, la ville et le célèbre monastère, on fera bien, pour la visite de celui-ci, d'en faire l'objet d'une excursion spéciale.

10° La Chartreuse de Notre-Dame-des-Prés.

En sortant de MONTREUIL, on traverse un long et pénible village qu'on appelle la NEUVILLE-SOUS-MONTREUIL. Rien d'intéressant.

Arrivé au bout de la rue principale, on tourne à droite, et on gravit un chemin assez raide qui conduit à un superbe calvaire. Déjà le sens artistique de l'insigne image fait présager toute la richesse du monument qu'on va visiter.

La porte d'entrée s'annonce avec un aspect imposant. Elle est surmontée des armes de l'Ordre, représentant un globe roulant dans un cercle stable surmonté d'une croix, avec la devise *Stat crux dum volvitur orbis*. On y lit également l'inscription suivante : « Cartusia sanctæ Mariæ de Pratis, fundata a Roberto III. com. Bolon. anno Dni 1325; anno 1871-77 a R. P. D. Carolo Maria restaurata. Près de la porte, un petit parloir à gauche, pour les parentes des religieux, les femmes n'ayant pas l'accès du monastère. A droite, une fort jolie chapelle pour les dames.

On sonne. Un frère à la longue barbe, la tête entièrement rasée, vous ouvre. En arrivant, une très belle cour d'honneur. Au fond, le pavillon central. A droite, le quartier des étrangers. Tout est à visiter. La description de tous les locaux pourrait faire l'objet d'un livre spécial. Contentons-nous de citer le grand cloître avec ses arcades gothiques à perte de vue, le petit cloître, le réfectoire des pères, celui des frères, la salle capitulaire, la bibliothèque avec ses milliers de volumes précieux, ses manuscrits de la plus haute antiquité. La chapelle, que les laïques ne peuvent voir que de la tribune, est sévère. Le chœur des pères, celui des frères séparé du premier, sont pleins de mystères; et quand les religieux s'y trouvent, l'effet moral produit sur le visiteur est indéniable. La petite chapelle où se trouvent le trésor et les reliquaires est d'une richesse inouïe.

Quel contraste quand, à côté de toutes ces beautés artistiques faites pour la masse, on descend dans l'habitation particulière. La cellule est bien pauvre et bien mystique. Au rez-de-chaussée un atelier pour les exercices de corps. A l'étage au-dessus une pauvre petite chambre, un prie-Dieu et quelques livres pour les exercices spirituels. Voilà tout le mobilier. La nourriture est apportée par une trappe pratiquée dans la porte de la cellule, car les repas en commun n'ont lieu que les jours de grande fête. En somme, c'est la vie solitaire.

La CHARTREUSE DE NOTRE-DAME-DES-PRÉS fut édifiée en 1338, avec la fondation de ROBERT VII, COMTE DE BOULOGNE ET D'AUVERGNE. Comme l'ABBAYE DE SAINT-JOSSE, si elle eut des jours heureux, elle traversa aussi bien des vicissitudes. Sous ÉDOUARD III, elle eut à souffrir des incursions des Anglais qui pillèrent plusieurs fois le monastère. En 1537, les Impériaux s'en emparèrent au moment du siège de MONTREUIL, et ils la saccagèrent de fond en comble. Puis les Anglais, sous la conduite de THOMAS HOWARD, DUC DE NORFOLK, vinrent achever sa ruine. Quelques années plus tard, ce furent les Calvinistes qui en expulsèrent les religieux et s'emparèrent de toutes les richesses du monastère. Mais, à chaque crise, celui-ci se relevait et recouvrait bientôt sa prospérité. Il appartenait à la GRANDE RÉVOLUTION de détruire complètement la communauté, en dispersant l'Ordre et en vendant ses biens. Tout le domaine fut acheté par le général DUVAL DE HAUT-MAREST. Celui-ci le légua à son fils, M. Duval de Conteval. Au décès de ce dernier, en 1866, il passa à sa veuve qui engagea des pourparlers pour le rachat. Mais la propriété ne fut cédée à l'Ordre qu'en 1870, après le décès de Mme de Conteval. La vente eut lieu moyennant 500.000 francs, et ce fut le P. Louis-Vincent Celles, délégué de la Grande-Chartreuse, qui en fut l'acquéreur.

A cette époque, il ne restait de l'ancien domaine que 135 hectares, et il ne subsistait des bâtiments que le pavillon d'entrée, l'église, le quartier des étrangers et le réfectoire.

M. CLOVIS NORMAND, architecte, entreprit la restauration dès 1870. Sous son habile direction, les travaux furent vite menés, et en 1875 la Chartreuse de Notre-Dame-des-Prés, après quatre-vingt-deux ans d'interruption, rouvrit ses portes aux enfants de saint Bruno.

11° Beutin.

Cette excursion est à faire en barque. On peut s'entendre avec un de ces bateliers qui viennent tant vous harceler pendant la saison, et on profite de la marée montante pour remonter la Canche.

Jusqu'à Étaples, le paysage est connu par ceux qui ont fréquenté les abords de la baie. D'une part, les dunes de Camiers, le petit phare, le lazaret ; d'autre part, la forêt qui vient expirer sur le rivage. Bientôt Étaples s'aligne avec ses maisonnettes de pêcheurs, blanches et aux tuiles voyantes.

On passe dans le port, puis on traverse le grand pont de bois. L'église d'Étaples, avec son clocher style jésuitique, se dresse gracieusement dans un pâté de maisons antiques. On franchit le pont du chemin de fer et cette fois on se trouve en pleine rivière.

Vous défilez presque au pied d'une falaise crayeuse, que le flot est venu probablement battre dans les temps reculés, et dont la cime est couronnée de bois.

Les rives vous apparaissent déchiquetées et à pic, sans cesse rongées par le flux et le reflux. A marée basse, ces rivages, qui laissent voir un limon ocreux, donnent une impression heureuse au paysage, car on est peu habitué à voir cet effet dans nos régions.

Vous passez sous le pont de bois qui relie les deux routes de Montreuil de la rive droite et de la rive gauche, et cette fois le lit de la rivière se creuse davantage; vous êtes bientôt dans un endroit encaissé et les rives disparaissent sous la verdure.

C'est dans ces eaux fraîches et légèrement salines, que se pêchent ces excellentes truites et ces saumons qu'on vient vendre sur cette plage. De tous côtés, d'immenses filets dressés sur la berge s'abaissent quand la nuit tombe, pour surprendre ces délicieux poissons.

Enfin vous arrivez à Beutin, charmant village de 161 habitants seulement, bâti dans la vallée et sur les bords de l'eau.

Rien à signaler autre que le pittoresque dans toute l'acception du terme. Partout des coins exquis, partout de charmants effets, partout la rusticité !

12° Lefaux. — Frencq.

Pour se rendre dans ces deux localités, passer devant la gare d'Étaples, prendre le pont franchissant le chemin de fer et gravir la route qui, par une pente assez raide, s'élève dans la campagne tout à fait nue, dominant toute la baie de Canche.

On ne tarde pas à s'apercevoir que cette région reçoit les assauts des tempêtes d'ouest. Le sable, transporté à des distances incroyables, forme des dunes qui se prolongent très avant dans les terres.

Comme la végétation s'accroche très difficilement dans ces dunes, à cause du déplacement incessant des sables, l'aspect demeure triste et désolé. Des pins rabougris

VUE DU MOULIN SUR LA ROUTE DE LEFAUX

poussent péniblement, par-ci, par-là, à l'abri d'un pli de terrain. Le caractère de cette campagne n'en est pas moins beau pourtant dans sa sévérité. La grande nature s'affirme souvent par de telles duretés !

Cependant, cela fait plaisir au touriste, quand il retrouve à Lefaux, petit village de 313 habitants, un peu de cette végétation qui repose l'œil et dont il est tant gâté dans la forêt du Touquet. Est-ce cela qui fait paraître Lefaux un pays délicieux? On se le demande, et on s'interroge pour savoir si on n'est pas le jouet du contraste.

En continuant la route vers Frencq, la nature devient plus aimable. Le voisinage de la mer recule et le site devient souriant.

Frencq est un gros village de 921 habitants, qui ne manque certes pas d'attrait. Son château du XVIIe siècle est remarquable et laisse au touriste une excellente impression.

13° Camiers et son étang.

On s'y rend en prenant, au sortir d'Étaples, la route de Neufchâtel. Celle-ci s'engage sous une voûte étroite et longue, au-dessus de laquelle est établie la ligne de Boulogne. Elle débouche dans un sombre bosquet faisant partie de la propriété de M. A. Rocquigny; puis s'élevant peu à peu et dominant bientôt toute la baie, elle s'engage en pleines dunes plantées de pins maritimes. Paysage très accidenté, grave et d'un caractère à part. A droite, les hautes collines du Boulonnais, d'un ton brumeux, et dont les cimes se perdent souvent dans les nuages. À gauche, vue d'ensemble de Paris-Plage et de la forêt. Les mamelons boisés du Touquet, les phares blancs, les élégantes constructions de notre nouvelle station balnéaire, la haute mer brochant sur le tout, forment un ensemble agréable et un tableau tout arrangé.

Bientôt la ligne du chemin de fer s'engage en creux, au pied d'une dune très élevée et à pic, du haut de laquelle émerge le petit phare de Camiers. Le village s'annonce riant avec ses tuiles rosées, avec ses feuillages dorés et brunis par le vent de mer.

La route tourne à gauche, descend rapidement entre une série de petites maisons de campagne toutes fleuries. Une minuscule église, sans autre intérêt que sa rusticité et son pauvre enclos où dorment les ancêtres, est campée sur la droite.

Vous franchissez le chemin de fer, à un passage à niveau, et vous tombez sur les rives enchanteresses d'un lac, dont la présence en cet endroit n'est pas encore très expliquée. Une métairie, ressemblant à un ermitage et appartenant à la famille de Rocquigny, est assise sur ses bords verdoyants. Au loin, des arbres tordus par la tempête tracent dans le ciel des silhouettes fantasques, et la dune aveuglante domine dans le fond.

La principale rue du village se prolonge vers Dannes, présentant des maisons aux tons clairs, qui auraient fait cent fois le bonheur de Gaillardini.

Rien de plus animé que ce village de 800 habitants, avec sa population moitié maritime, moitié agricole. Des tombereaux chargés de cette tourbe noire, qu'on extrait sur la plage de Camiers, circulent dans les rues, au milieu des vaches et des volatiles de toute nature. Des centaines d'enfants grouillent dans les carrefours. De vieux pêcheurs, la pipe à la bouche, raccommodent leur filet à la porte de leur maison. Aussi n'est-il pas étonnant qu'un tel milieu ait inspiré tant de peintres. Yon, pendant plusieurs années, a été un fanatique et un assidu de ce pays. Nos divers salons doivent à Camiers plusieurs de ses meilleures toiles.

14° Dannes — le Saint-Frieux.

En sortant de Camiers, la campagne est désolée et aride. La chaîne du Boulonnais commence à dessiner de petites montagnes coniques qui donnent au pays l'aspect de certaines campagnes d'Italie.

Une villa précédée d'une avenue, sur le bord de la route, rompt un peu la monotonie. Plus loin, la tour d'un vieux moulin en pierre, ressemblant à un reste de forteresse, un calvaire avec tous les instruments de la Passion, sans oublier le coq.

Voici les fabriques de ciment de Portland avec leurs hautes cheminées qu'on aperçoit de Paris-Plage. Des flancs de la colline on extrait la chaux grise qui sert à cette fabrication.

Bien qu'à des centaines de lieues du Jura, vous vous trouvez en plein terrain jurassique. On sait que la chaîne du Jura s'enterre au sortir du département de ce nom pour reparaître dans le Boulonnais et se terminer au Gris-Nez. Aussi les ammonites, les ostrea et les dents de squales abondent dans les carrières exploitées.

Dannes est campé au pied de la montagne et présente tout à fait la physionomie d'un paysage méridional. Les maisons, aux tuiles basses, disparaissent dans un feuillage bronzé.

A l'entrée du village, l'auberge Formanoir, longtemps fréquentée par les peintres, paraît indiquée aux touristes.

Une église, du XVIe siècle, présente son gracieux chevet sur le bord de la route. Près de là un mince ruisseau, suffisant pourtant pour faire tourner une miniature de moulin, gazouille dans la verdure et forme un abreuvoir plein de fraîcheur et de poésie.

Mais le grand intérêt de cette excursion réside dans la visite du SAINT-FRIEUX. On prend à gauche, entre deux haies, un chemin qui mène au domaine de Mme Deflesselle, d'Amiens. — *Propriété magnifique créée dans la dune par feu M. Leullier, d'Amiens.* — Bois de pins maritimes, au milieu duquel est assis un château moderne avec tourelles, dans le genre moyen âge. On passe par la ferme et on arrive bientôt au pied de la montagne. Ascension en vingt minutes. *Tout en haut*, bosquet formé de rhamnoïdes. Panorama splendide sur la Canche, Paris-Plage, Berck d'une part, Neufchâtel et la forêt, la pointe de Lornel, Equihen, d'autre part. Découverte de la côte anglaise, parfaitement visible par un ciel pur, de la cathédrale de Boulogne, de la colonne Napoléon, etc. A quelques pas de là, vers Neufchâtel, source jouissant d'une vertu miraculeuse dans tout le pays, principalement pour les maux d'yeux et dont on ne s'explique pas la présence à cette altitude.

LA CANCHE

La Canche n'a pas tout à fait 100 kilomètres de développement, toutes sinuosités comprises. Elle jaillit dans le canton d'Aubigny, à Gouy-en-Ternois, au sein de plateaux de 130 à 150 mètres d'altitude. Sa vallée, pleine de paysages charmants, est une succession de prairies bien arrosées et de villages populeux.

La Canche baigne : Frévent, Hesdin, Montreuil-sur-Mer (qui, malgré son nom, est à 13 kilomètres de la Manche en ligne droite, et à 18 ou 20 kilomètres en suivant les détours du fleuve), Attin, Beutin, Étaples.

Au-dessous d'Étaples, le lit de la Canche se transforme en un estuaire sablonneux découvert à mer basse. Grâce à la marée, ce petit fleuve côtier est navigable jusqu'à Étaples pour les navires qui ont besoin de 3m,50 d'eau, et jusqu'à Montreuil pour ceux qui n'exigent que 1m,30.

Ses affluents sont : la Ternoise, la Planquette, la Créquoise, le Bras-de-Brosne, la Course, la Dordogne et l'Huîtrepin. Tous se jettent sur la rive droite de la rivière.

La grande Tringue, après avoir reçu la petite Tringue, se déverse dans la Canche, sur la rive gauche, à Étaples.

Deux ponts assez remarquables ont été jetés sur la Canche, près de son embouchure. Le premier a une longueur de 300 mètres et sert à la voie ferrée, avant d'ar-

VUE DE LA CANCHE ET DU PORT D'ÉTAPLES

river à Étaples : deux grosses piles de maçonnerie séparent les trois travées, composées chacune de cinq voûtes construites en arcs surbaissés. Le second, long de 500 mètres, relie Étaples à la rive gauche de la rivière : cinq travées sont en tôle, sur piles en maçonnerie; les onze travées du milieu sont en charpente et constituent un pont de bois.

MARÉES

I. Notions générales

Le soleil et la lune, par leur attraction combinée sur la mer, déterminent les marées qui se produisent sur le littoral. Vers les syzygies, c'est-à-dire, vers les nouvelles et les pleines lunes, la marée peut être très grande : on est en *vive eau*, comme disent les marins. Vers les quadratures, c'est-à-dire, vers le premier et le dernier quartier, la marée est généralement faible : on est alors en *morte eau*.

Les plus grandes marées suivent d'un jour et demi la nouvelle et la pleine lune.

Les oscillations périodiques éprouvées par les eaux de la Manche sont dues au mouvement régulier du *flux* (flot) et du *reflux* (jusant) : elles constituent la *pleine mer* et la *basse mer*.

D'un jour à l'autre, le retard moyen des marées est de cinquante minutes environ : en sorte que, si la haute mer arrive un certain jour à deux heures du matin, par exemple, celle du lendemain matin aura lieu à deux heures cinquante minutes. L'intervalle moyen entre deux pleines mers consécutives est de douze heures vingt-cinq minutes. La basse mer intermédiaire ne tient pas exactement le milieu entre ces deux pleines mers ; on a observé que la mer n'emploie pas le même temps à monter et à descendre. Ainsi, à Boulogne, la mer met deux heures huit minutes de plus à descendre qu'à monter; la différence est à peu près la même à Paris-Plage. A Brest, la différence est de seize minutes seulement.

Les marées les plus fortes arrivent aux équinoxes, quand la lune est périgée et très voisine de l'équateur; et les plus faibles, aux solstices, quand la lune est apogée avec une grande déclinaison. En outre, on a remarqué que, plus la mer s'élève quand elle est pleine, plus aussi elle descend dans la basse mer suivante.

Les vents, cause principale des irrégularités dans le mouvement de la mer, apportent des variations accidentelles dans les marées.

2. Établissement du port

A l'époque des équinoxes, quand la lune nouvelle ou pleine se trouve dans ses moyennes distances à la terre, le temps qui s'écoule entre son passage au méridien d'un port et l'instant de la pleine mer qui suit ce passage est toujours le même : il se nomme *établissement du port*. L'établissement du port est donc le retard de la pleine mer sur le passage de la lune au méridien, le jour d'une syzygie équinoxiale. Ce retard constant provient des circonstances locales, ainsi que de la configuration des côtes.

Il est souvent très différent pour deux ports voisins.

A Boulogne, l'établissement du port est égal à 11 h. 28'.

3. Unité de hauteur

L'unité de hauteur, pour un port quelconque, est déduite d'un grand nombre d'observations de hautes et basses mers équinoxiales.

On appelle *marée totale* la demi-somme de deux pleines

EMBOUCHURE DE LA CANCHE

mers consécutives au-dessus de la basse mer intermédiaire. On prend pour unité de hauteur la moitié de la hauteur de la marée totale, qui arrive un jour ou deux après une syzygie équinoxiale, alors que la lune et le soleil sont plus près de la terre et plus rapprochés du plan de l'équateur.

Exemples. — A Brest, la moyenne des observations a donné $6^{m},42$ pour la différence entre les hautes et basses mers : la moitié de ce nombre, ou $3^{m},21$, est l'unité de hauteur pour le port de Brest. A Granville, la moyenne des mêmes observations a donné $12^{m},22$ pour la différence entre les hautes et basses mers : la moitié de ce nombre, ou $6^{m},11$ est l'unité de hauteur pour le port de Granville.

En résumé, l'*unité de hauteur*, dans un lieu donné, est la quantité dont la mer s'élève ou s'abaisse relativement au niveau moyen qui aurait lieu sans l'action simultanée du soleil et de la lune, ou si cette action venait à cesser.

L'unité de hauteur est : $3^{m},96$ pour Boulogne; $3^{m},12$ pour Calais, et $2^{m},68$ pour Dunkerque.

4. Hauteur des marées

La hauteur de la marée dépend du nombre qui mesure l'*unité de hauteur* et d'un certain nombre qui est dit *coefficient de marée :* la hauteur de la marée est égale au produit de ces deux nombres.

On prend pour unité de coefficient de marée celui qui est donné par le calcul pour un jour et demi après une syzygie équinoxiale.

Voici le tableau des coefficients de marée en 1894 :

1894 Mois.	Jours et heures de la syzygie.	Coefficient de la marée.
Juin.	N. L. le 3 à 11h 06 soir. . . .	0,93
	P. L. le 18 à 7h 16 matin . .	0,70
Juillet. . . .	N. L. le 3 à 5h 55 matin . . .	0,94
	P. L. le 17 à 10h 12 soir. . . .	0,74
Août.	N. L. le 1er à 0h 33 soir. . . .	1,03
	P. L. le 16 à 1h 26 soir. . . .	0,85
	N. L. le 30 à 8h 14 soir.	1,10
Septembre. .	P. L. le 15 à 4h 31 matin. . .	0,94
	N. L. le 29 à 5h 53 matin. . .	1,09

Les marées correspondantes aux coefficients 1,09 et 1,10 (les marins disent communément 109 et 110), seront les plus considérables de l'année.

Ainsi, le 31 août, à $11^h,55$ du soir, dans le port de Boulogne, la hauteur de la marée devra être

$$3^m,96 \times 1,10 = 4^m,356.$$

RENSEIGNEMENTS D'INTÉRÊT GÉNÉRAL

ET D'ORDRE ADMINISTRATIF

I. Chemins de fer et Omnibus.

Pendant la saison, la Compagnie du Nord délivre *dans toutes les gares* des billets de famille, à prix réduits, *valables pour trente-trois jours*, à destination d'Étaples.

Elle délivre également des billets d'aller et retour pour Étaples, valables pendant cinq jours, *du vendredi au mardi.*

Chaque dimanche, des trains de plaisir, à marche rapide et à prix très réduits, sont dirigés de divers points du réseau vers la gare d'Étaples, desservant Paris-Plage.

N. B. — Avec leur billet aller et retour du dimanche, les voyageurs provenant de certaines localités ont le droit de profiter du dernier train omnibus du samedi, ainsi que du premier train omnibus du lundi suivant.

(Consulter les affiches et les livrets spéciaux.)

Pour connaître l'horaire des différentes lignes, voir le tableau général qui est inséré aux pages ci-après.

Pour être renseigné sur le service des omnibus en correspondance avec les trains du chemin de fer, voir également le tableau qui est publié à la suite du précédent.

Un fourgon de déménagement très commode, susceptible de transporter sans danger ni avarie les pianos, billards et autres meubles de ce genre, est mis à la disposition des voyageurs. (S'adresser au chef de la correspondance d'Étaples, à Paris-Plage.)

Un chariot spécial est destiné aux colis et aux bagages, en cas d'encombrement.

PARIS — AMIENS — ABBEVILLE — ÉTAPLES

STATIONS	MATIN	MATIN	MATIN	SOIR	SOIR	SOIR	SOIR
Paris (B). Dép.	8^h25	10^h25	11^h55	1^h30	4^h »	7^h10	10^h10
Creil (B)	9 14	11 23	soir. 12 55	2 36	5 05	—	11 40
Amiens (B). . .	10 33	soir. 1^h40	2^h44	5 43	7 42	9 03	matin. 2^h15
Longpré	—	2 33	3 20	6 37	8 29	9 29	2 56
Abbeville. . . .	11 12	3 03	3 43	7 06	8 59	9 49	3 22
Étaples. . Arr.	12 07	4 18	4 53	8 19	10 06	10 45	4 29

ÉTAPLES — ABBEVILLE — AMIENS — PARIS

STATIONS	MAT.	MATIN	MATIN	MATIN	SOIR	SOIR	SOIR	SOIR	SOIR
Étaples. Dép.	3^h08	7^h05	6^h24	9^h55	1^h54	2^h04	5^h17	7^h10	9^h54
Abbeville. .	4 05	8 »	7 42	11 30	2 47	3 31	6 18	8 02	11 14
Longpré. .	—	8 19	8 24	11 59	3 04	3 50	7 05	—	11 39
Amiens (B).	4 58	8 50	10 05	soir. 1^h23	3 33	6 07	8 10	8 58	12 47
Creil (B). .	6 37	10 03	12 24	3 35	4 38	8 16	9 36	10 13	matin. 2^h51
Paris (B) Arr.	7 29	10 50	soir. 1^h20	4 26	5 25	9 13	10 25	10 57	3 55

Nota. — Le signe B signifie BUFFET.

CALAIS — BOULOGNE-SUR-MER — ÉTAPLES

STATIONS	MAT.	MAT.	MAT.	MATIN	MATIN	SOIR	SOIR	SOIR	SOIR
Calais (B). Dép.	1h36	5h48	7h44	9h08	10h16	2h15	3h50	5h35	7h27
Boulogne-Tintell.	—	6 37	8 46	9 54	11 12	3 17	4 52	6 33	8 25
Boulogne (B). .	2 33	—	9 12	10 23	11 22	4 32	5 13	7 »	9 08
Étaples. . Arr.	3 05	7 04	9 52	11 »	12 »	5 14	5 50	7 25	9 48

ÉTAPLES — BOULOGNE-SUR-MER — CALAIS

STATIONS	MAT.	MATIN	MATIN	SOIR	SOIR	SOIR	SOIR	MAT.
Étaples. . . . Dép.	7h52	9h53	11h29	1h44	4h56	8h21	10h47	4h33
Boulogne (B) . . .	8 52	11 36	soir. 12 40	3 05	6 03	9 53	11 18	5 23
Boulogne-Tintell .	8 57	11 41	12 45	3 10	6 10	9 58	11 24	5 30
Calais (B). . . Arr.	9 58	12 38	1h45	4 14	7 10	10 55	12 17	6 27

LILLE — ARRAS — SAINT-POL — ÉTAPLES

STATIONS	MATIN	MATIN	MATIN	SOIR	SOIR
Lille (B). . . . . Dép.	6h30	7h50	8h50	1h23	4h05
Douai (B).	7 08	8 19	10 13	1 56	5 19
Arras (B).	8 20	8 48	11 15	2 29	7 01
Saint-Pol (B).	9 48	9 43	soir. 12 13	3 34	8 14
Anvin.	9 05	9 55	12 29	3 52	8 32
Hesdin	10 32	10 17	12 53	4 20	8 57
Étaples . . . . Arr.	11 23	10 53	4h41	5 10	9 45

ÉTAPLES — SAINT-POL — ARRAS — LILLE

STATIONS	MATIN	MATIN	MATIN	SOIR	SOIR
Étaples. . . . . . . Dép.	4h46	8h03	11h04	1h22	7h28
Hesdin	5 37	8 54	11 58	2 20	8 08
Anvin.	6 05	9 25	12 30	2 45	8 33
Saint-Pol (B).	6 29	9 46	soir. 1 03	3 11	8 54
Arras (B).	9 05	11 03	3 09	4 23	9 54
Douai (B).	9 45	11 26	3 47	4 47	10 14
Lille (B) . . . . . . Arr.	11 »	11 58	4 52	5 24	10 45

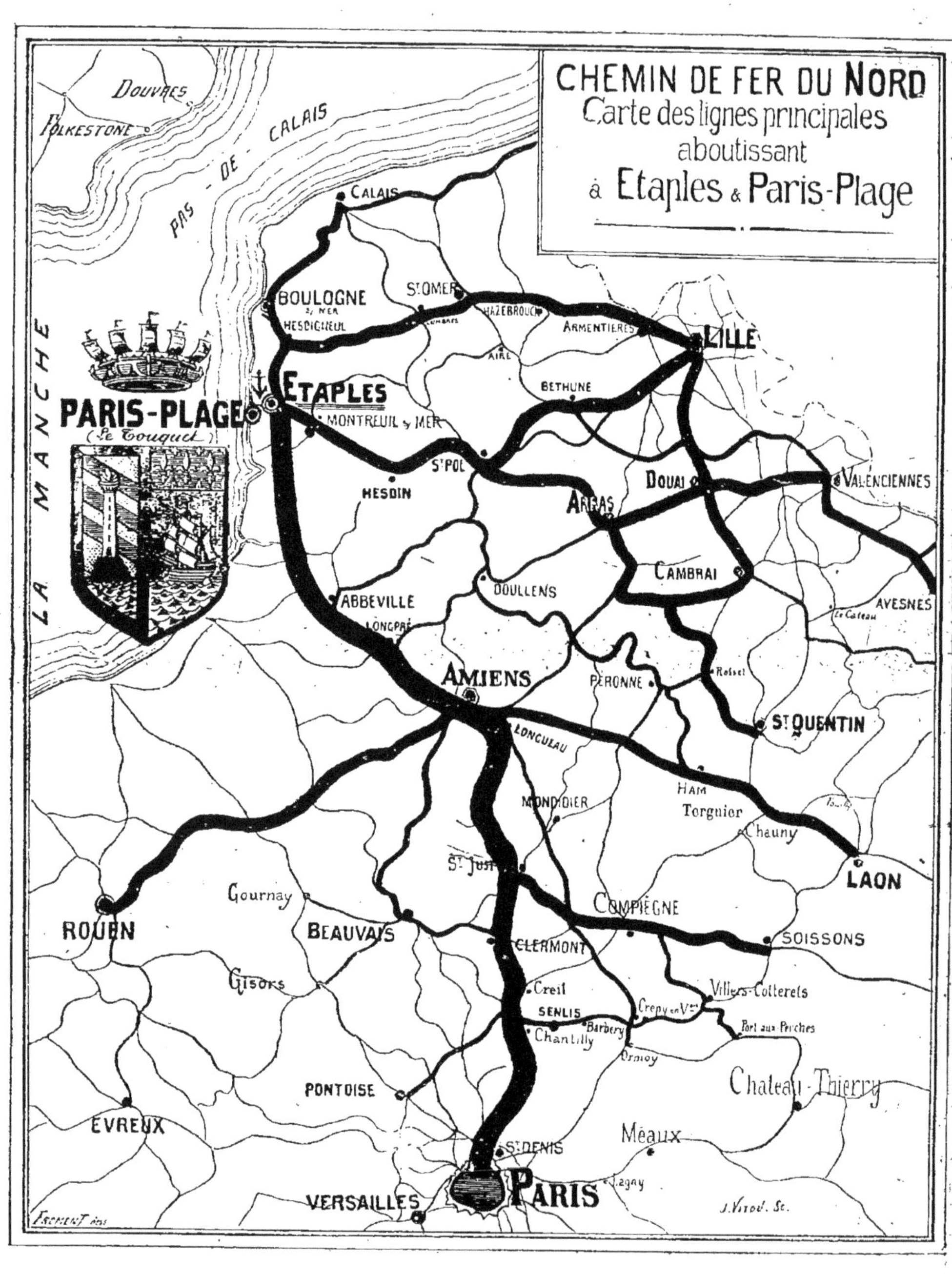
CHEMIN DE FER DU NORD
Carte des lignes principales
aboutissant
à Etaples & Paris-Plage
DOUVRES
FOLKESTONE
PAS DE CALAIS
LA MANCHE
CALAIS
BOULOGNE s/ MER
HESDIGNEUL
ST OMER
HAZEBROUCK
ARMENTIERES
LILLE
AIRE
BETHUNE
ETAPLES
PARIS-PLAGE
(Le Touquet)
MONTREUIL s/ MER
ST POL
HESDIN
DOUAI
VALENCIENNES
ARRAS
CAMBRAI
ABBEVILLE
LONGPRÉ
DOULLENS
AVESNES
Le Cateau
AMIENS
PERONNE
Roisel
ST QUENTIN
LONGUEAU
MONDIDIER
HAM
Torgnier
Chauny
LAON
ST JUST
Gournay
ROUEN
BEAUVAIS
COMPIÈGNE
CLERMONT
SOISSONS
Gisors
Creil
SENLIS
Chantilly
Barbery
Crepy en Vs
Villers-Cotterets
Port aux Perches
Ormoy
PONTOISE
Château-Thierry
EVREUX
Meaux
ST DENIS
Lagny
PARIS
VERSAILLES
J. Vitou. Sc.

LILLE — BÉTHUNE — SAINT-POL — ÉTAPLES

STATIONS	MATIN	MATIN	SOIR
Lille (B). . . . . . . Dép.	7h 15	11h 31	4h 44
Béthune.	8 40	soir. 2h 03	7 07
Saint-Pol (B).	9 43	3 34	8 14
Hesdin.	10 17	4 20	8 57
Montreuil-sur-Mer. . . .	10 41	4 55	9 30
Étaples. . . . . Arr.	10 53	5 10	9 45

ÉTAPLES — SAINT-POL — BÉTHUNE — LILLE

STATIONS	MATIN	MATIN	SOIR	SOIR
Étaples. Dép.	4h 46	11h 04	1h 22	7h 28
Montreuil-sur-Mer.	5 05	11 23	1 45	7 42
Hesdin	5 37	11 58	2 20	8 08
Saint-Pol. . .	8 35	soir. 1h »	5 35	9 18
Béthune . . .	9 30	1 50	6 25	10 10
Lille (B). Arr.	11 24	3 16	8 10	11 48

SAINT-OMER — HESDIGNEUL — ÉTAPLES

STATIONS	MATIN	MATIN	MATIN	SOIR
Saint-Omer . . . Dép.	$5^{h}02$	$9^{h}44$	$11^{h}52$	$6^{h}07$
Arques.	5 10	9 54	12 »	6 15
Hesdigneul.	6 47	11 36	soir. $1^{h}39$	9 23
Étaples. . . . . . Arr.	7 04	12 »	2 02	9 48

ÉTAPLES — HESDIGNEUL — SAINT-OMER

STATIONS	MATIN	MATIN	SOIR	SOIR	SOIR
Étaples. Dép.	$4^{h}39$	$8^{h}04$	$12^{h}09$	$4^{h}56$	$8^{h}25$
Hesdigneul. .	6 09	$9^{h}17$	$1^{h}28$	5 44	8 57
Arques	7 31	10 46	2 46	7 04	10 21
Saint-Omer . Arr.	7 38	10 53	2 53	7 11	10 28

SAINT-QUENTIN — TERGNIER — AMIENS — ÉTAPLES

STATIONS	MATIN	MATIN	SOIR	SOIR
Saint-Quentin (B). Dép.	7h49	10h52	1h07	5h54
Tergnier (B).	8 28	11 31	2 14	6 37
Amiens (B).	10 33	soir. 1h40	5 43	9 03
Longpré.	—	2 33	6 37	9 29
Abbeville.	11 12	3 03	7 06	9 49
Étaples. . . . . . Arr.	12 07	4 18	8 19	10 45

ÉTAPLES — AMIENS — TERGNIER — SAINT-QUENTIN

STATIONS	MATIN	MATIN	MATIN	SOIR	SOIR
Étaples. . . . Dép.	3h08	7h05	9h55	2h04	7h10
Abbeville.	4 05	8 »	11 30	3 35	8 02
Longpré.	—	8 19	11 59	3 58	—
Amiens (B).	7 14	10 03	soir. 2 20	5 28	9 06
Tergnier (B).	9 27	11 45	4 37	6 47	11 22
Saint-Quentin (B). . Arr.	9 47	12 17	5 09	7 18	11 52

REIMS — TERGNIER — AMIENS — ÉTAPLES

STATIONS	MATIN	MATIN	MATIN	SOIR
Reims (B) . . . . . Dép.	$7^{h}06$	$9^{h}05$	11^{h} »	$3^{h}45$
Laon (B).	8 02	10 32	soir. 12 43	5 14
Tergnier (B).	8 28	11 31	$2^{h}14$	6 37
Amiens (B).	10 33	soir. $1^{h}40$	5 43	9 03
Longpré.	—	2 33	6 37	9 29
Abbeville.	11 12	3 03	7 06	9 49
Étaples. . . . . . . Arr.	12 09	4 18	8 19	10 45

ÉTAPLES — AMIENS — TERGNIER — REIMS

STATIONS	MATIN	MATIN	MATIN	SOIR	SOIR
Étaples. . . .	$3^{h}08$	$7^{h}05$	$9^{h}55$	$2^{h}04$	$7^{h}10$
Abbeville. . .	4 05	8 »	11 30	3 31	8 02
Longpré. . . .	—	8 19	11 59	3 58	—
Amiens (B). .	7 14	10 03	soir. $2^{h}20$	5 28	9 06
Tergnier (B). .	9 40	11 43	4 40	6 35	matin. $1^{h}13$
Laon (B). . . .	10 35	soir. 12 32	5 31	7 10	2 01
Reims (B). Arr.	11 51	$1^{h}50$	6 53	$7^{h}55$	3 31

CAMBRAI — DOUAI — ARRAS — ÉTAPLES

STATIONS	MATIN	MATIN	MATIN	SOIR
Cambrai. . . . . Dép.	5^{h}40	9^h »	10 29	3 41
Douai (B).	6 39	10 13	soir. 1^{h}56	5 19
Arras (B).	8 18	11 15	2 29	7 01
Saint-Pol (B).	9 43	soir. 12 13	3 34	8 14
Hesdin.	10 17	12 53	4 20	8 57
Étaples. . . . . . Arr.	10 53	1^{h}41	5 10	9 45

ÉTAPLES — ARRAS — DOUAI — CAMBRAI

STATIONS	MATIN	SOIR	SOIR
Étaples. . . . . . . Dép.	8^{h}03	1^{h}22	7^{h}28
Hesdin	8 54	2 20	8 08
Saint-Pol (B).	9 46	3 11	8 54
Arras (B).	11 03	4 23	9 54
Douai (B).	soir. 12 02	5 22	10 32
Cambrai . . . . Arr.	12 56	6 14	11 25

CORRESPONDANCE DU CHEMIN DE FER DU NORD.

OLIVIER ET Cie

Année 1894

SERVICE ENTRE ÉTAPLES ET PARIS-PLAGE

Distance : 6 *kilomètres.*

Prix des places : **0 fr. 60 par personne.**

Les voyageurs arrivant par les trains ont droit à **25 kilos de bagages gratis,** sur les omnibus de service.

DÉPARTS DE PARIS-PLAGE	DÉPART D'ÉTAPLES
6h 10' matin.	8h 05' matin
9h » —	10h 05' —
11h » —	11h 05' —
12h » —	12h 10' soir
1h » soir.	2h 15' —
4h » —	5h 15' —
6h 10' —	6h 05' —
7h 20' —	10h 50' —

II. Tramway.

L'établissement d'un tramway favoriserait singulièrement les communications entre Paris-Plage et Étaples, et abrégerait notablement la durée du trajet. Un projet, élaboré dans ce sens et dans ce but, a été mis à l'étude et approuvé par le Conseil général du Pas-de-Calais.

Voici, d'ailleurs, un extrait du compte rendu pour la dernière session (avril 1894) :

M. Jules Moleux lit un rapport sur l'intéressante question d'établissement d'un tramway d'Étaples à Paris-Plage.

« Diverses observations ont été faites par le service des ponts et chaussées; le concessionnaire consent à satisfaire à toutes, excepté une qui a trait à l'élargissement à 7 mètres d'une des rues d'Étaples suivie par le tracé du tramway ; il préconise d'ailleurs le moyen d'obvier, autrement que par l'élargissement réclamé, à l'inconvénient signalé ; en outre, il consent à ramener de 99 à 50 ans la durée de la concession.

« Le projet est approuvé, sous le bénéfice de ces réserves et dans ces conditions. »

Le concessionnaire est M. Charles Prévost, entrepreneur à Étaples, en même temps propriétaire à Paris-Plage.

Ainsi, l'entreprise est reconnue d'utilité publique. Les rails pourront, au besoin, être utilisés par une traction due à la vapeur ou bien à un moteur électrique; l'itinéraire est tracé par accotement sur la route, laquelle est un embranchement du chemin de grande communication n° 119, de Doullens à Gravelines.

Disons, à ce propos, que l'on mesure : 4 kilomètres depuis la maison Deliane (café de l'Espérance) jusqu'à la maison Duboc, et 4^{kil},900 depuis la maison Deliane jusqu'à l'intersection des rues de Lens et de Londres.

III. Fête annuelle.

Cette fête, comme toutes celles des environs, est connue dans le pays sous le nom de *ducasse.*

Inaugurée par M. Warenghem avec quelques voisins et amis, elle a toujours présenté beaucoup d'animation et d'entrain.

Elle tombe le deuxième dimanche d'août invariablement (12 août, en 1894).

Inutile de décrire les jeux, courses, réjouissances et divertissements variés qui figurent au programme; sans compter les illuminations à giorno, la retraite aux flambeaux avec lanternes vénitiennes et ballons lumineux, le feu d'artifice, les bals champêtres, etc.

Un comité s'organise chaque année, afin de régler les détails du festival. Il va sans dire que l'initiative privée a toute liberté pour agir, en pareille occurrence.

Si l'heure de la marée était favorable, on pourrait, à cette occasion, se donner le luxe de petites régates dans la baie de Canche : ce serait une innovation, un spectacle inédit qui attirerait beaucoup de curieux.

IV. Juridiction civile.

Paris-Plage, station ou colonie balnéaire créée et fondée en 1882 près du Touquet, fait partie de la commune de Cucq.

Cucq, une des plus grandes communes de France par rapport au territoire, comprend comme annexes : Trépied, le domaine du Touquet et Paris-Plage.

C'est une commune limitrophe du littoral, par suite une commune maritime : de ce chef, elle jouit de certains privilèges et est assujettie à certaines obligations.

Nombre d'habitants :

Cucq	300	829
Trépied	388	
Paris-Plage et le Touquet .	141	

Paris-Plage. — Population flottante, dont le chiffre va sans cesse en augmentant.

En 1840, Cucq ne comptait que 690 habitants.

Longitude : 0° 45′ à l'ouest de Paris.

Latitude : 50° 32′ au-dessus de l'équateur.

MAIRE

M. Godin, à Cucq.

CONSEILLER MUNICIPAL DEMEURANT A PARIS-PLAGE

M. Manier, rue Saint-Louis et rue de Londres.

SOUS-PRÉFET

M. Sère, à Montreuil-sur-Mer.

PRÉFET

M. Alapetite, à Arras.

CONSEIL D'ARRONDISSEMENT

M. Billette, à Étaples, *président.*

M. Godin, maire de Cucq.

CONSEIL GÉNÉRAL

M. Boucher-Cadart, *président.*

M. Sailly, pour le canton de Montreuil.

M. Jules Moleux, à Étaples, pour le canton d'Étaples.

DÉPUTÉ

M. Boudenoot, élu en 1893.

PRÉSIDENT DE LA RÉPUBLIQUE FRANÇAISE

Sadi Carnot, élu le 3 décembre 1887, par la Chambre des Députés et le Sénat formant le Parlement réuni en Congrès.

Sur 827 votants, 616 suffrages se sont prononcés en faveur de M. Carnot.

V. Ressort judiciaire.

JUSTICE DE PAIX

Montreuil-sur-Mer.

TRIBUNAL DE PREMIÈRE INSTANCE

Montreuil-sur-Mer.

Ce tribunal possède une Chambre civile et une Chambre correctionnelle.

COUR D'APPEL

Douai.

COUR D'ASSISES

Saint-Omer.

TRIBUNAL DE COMMERCE

Montreuil-sur-Mer.

N.-B. — Pendant les vacances, et à tous les degrés de juridiction, la tenue des audiences dites de vacations est organisée par le juge chargé du service des ordres.

VI. — Guerre.

Dans le département du ministère de la guerre, il convient de mentionner l'École d'enfants de troupe, établie à Montreuil-sur-Mer.

Le directeur de l'école, sur la fin des travaux scolaires, conduit presque chaque année les élèves à Paris-Plage.

La fanfare de l'école se fait entendre à plusieurs reprises pendant cette excursion. Si les jeunes militaires sont enchantés, de son côté la colonie paris-plageoise apprécie fort leurs pas redoublés entraînants, ainsi que leurs concerts champêtres.

VII. Marine.

GRAND PORT MILITAIRE

Cherbourg.

COMMISSARIAT DE L'INSCRIPTION MARITIME

Le quartier maritime de Boulogne s'étend d'Audresselles à Étaples.

Pour la pêche et le cabotage, les bateaux du port d'Étaples sont affectés à la capitainerie de Boulogne-sur-Mer.

VIII. Finances.

CONTRIBUTIONS DIRECTES

Montreuil-sur-Mer pour : — l'Enregistrement, — les Domaines, — le Timbre, — la Conservation des hypothèques.

Un receveur d'enregistrement réside à Étaples.

TRÉSORERIE GÉNÉRALE

Arras.

CONTRIBUTIONS INDIRECTES

Étaples.

IMPÔTS

M. Cavrois, percepteur des contributions directes, à Étaples.

Le percepteur réside officiellement à Saint-Josse.

A titre purement gracieux, par complaisance et pour faciliter la rentrée des impôts, M. Cavrois consent à se déplacer et à venir plusieurs fois à Paris-Plage.

L'an dernier (1893) il était descendu et avait établi son bureau provisoire à l'hôtel des Bains.

Voici les jours de présence du percepteur, pour la saison 1894 :

1° Lundi 23 juillet;
2° Lundi 13 août;
3° Lundi 10 septembre.

IX. Administration religieuse.

ÉVÊCHÉ

Titulaire. — Mgr Williez, promu et sacré en 1893.
Résidence. — Palais Saint-Waast, à Arras.

DOYENNÉ

M. l'abbé Queste, grand-doyen, à Montreuil-sur-Mer.

CURE

M. l'abbé Déplanque, curé-desservant de la paroisse de Cucq.

CHAPELLE SAINT-ANDRÉ

Service du culte.

Le service du culte est assuré par les soins de M. le curé de Cucq.

Chaque dimanche, plusieurs messes sont célébrées; les heures sont annoncées d'avance, publiées et affichées à la porte même de la chapelle. Dans l'après-midi, à certaines fêtes, on chante un salut.

Pendant la semaine, M. le curé dit la messe dans la chapelle Saint-André, le mardi et le jeudi.

La présence habituelle de plusieurs prêtres et précepteurs permet, la plupart du temps, la célébration quoti-

8

dienne du saint sacrifice, chacun des prêtres se succédant à l'autel.

Le tarif pour la location et le prix des chaises est affiché dans le sanctuaire.

X. École primaire.

En 1888 il y avait, à Paris-Plage, une école primaire dirigée par M. Delacroix. La distribution solennelle des prix eut lieu le «2 septembre» dans les salons du Grand Hôtel.

En 1889, le directeur était M. Eluin.

A cette époque, les parents des élèves, peu fortunés en général, versaient une modique contribution; des baigneurs sympathiques apportaient leur obole : les enfants recevaient l'instruction élémentaire, sans quitter le foyer domestique.

Depuis la loi sur la gratuité et l'obligation, les élèves doivent se rendre à Cucq. Ce voyage est long et fatigant, surtout en hiver pendant la mauvaise saison (1).

Actuellement des démarches sont engagées entre l'autorité municipale et l'autorité académique, pour la nomination d'un instituteur-adjoint à poste fixe. La population scolaire, qui dépasse une trentaine d'écoliers et qui ne fera que s'accroître, mérite d'être prise en sérieuse considération.

XI. Postes.

DIRECTION DÉPARTEMENTALE

Arras.

---

(1) Au moment de mettre sous presse nous apprenons l'heureuse nouvelle qu'une institutrice vient d'être officiellement nommée à Paris-Plage.

(*Note du Directeur.*)

RECEVEUSE

Mme Fontaine, à Étaples.

FACTEUR PRINCIPAL

Boubet.

FACTEURS AUXILIAIRES

Caron.
N***.

DISTRIBUTION DE LA CORRESPONDANCE

Elle a lieu deux fois par jour : 1° le matin, vers 8 heures et demie; 2° le soir, vers 3 heures.

Les dimanches et jours de fêtes légales, la seconde distribution est supprimée.

BOÎTES AUX LETTRES

Il en existe deux : l'une, dans la cour du Grand Hôtel, est scellée au mur extérieur; l'autre est fixée au mur (côté droit ou face sud) du débit de tabac, lequel porte pour enseigne : *A la Naissance de la Plage.*

Les levées définitives sont faites deux fois par jour : 1° le matin, après la distribution; 2° à 5 heures du soir.

D'ailleurs, le nombre et l'horaire des levées sont exactement indiqués sur les boîtes elles-mêmes.

ADRESSE

Huntel,

Chalet | *ou Villa* } ____________________

*rue*____________________

à PARIS-PLAGE,

par ÉTAPLES (*Pas-de-Calais*).

XII. Télégraphe.

DIRECTEUR

Osmont.

ADJOINT

Roussel.

Le service télégraphique est annexé au sémaphore.

Le bureau du télégraphe est ouvert toute l'année, fêtes et dimanches compris, et, pendant l'été, depuis 7 heures du matin jusqu'à 9 heures du soir.

Il est placé à l'extrémité sud de la rue de Paris.

Pour couvrir ses frais, l'État perçoit sur chaque dépêche *envoyée à Paris-Plage* (en dehors et en plus de la taxe réglementaire relative au nombre de mots conventionnels) un droit supplémentaire et fixe de 0f,50.

Si l'expéditeur ne veut pas laisser cette taxe à la charge du destinataire, il doit l'acquitter au bureau de départ, en faisant apposer sur le télégramme la mention (XP). Cette formule abrégée (XP), aux yeux de l'administration, signifie *exprès payé*.

ADRESSE

Huntel,

Chalet ou *Villa* } ______________

POINTE-DU-TOUQUET (1).

XIII. Police. — Voirie.

1° Des gendarmes détachés, soit de la brigade de Berck, soit de celle d'Étaples, opèrent de fréquentes tournées.

2° L'agent Danquin est le garde champêtre de la commune de Cucq.

(1) *Pointe-du-Touquet* ne compte que pour un mot. Avoir soin de l'écrire avec des traits d'union.

3° L'agent Graveline, garde champêtre au hameau de Trépied, est particulièrement chargé de la surveillance à Paris-Plage. Il a le droit de verbaliser et de dresser des contraventions, le cas échéant.

4° Le sieur Roberval, gardien de la plage, veille aussi à la sécurité et assure le bon ordre. Il est assermenté comme garde particulier. On peut s'adresser à lui pour obtenir des renseignements.

Un tombereau passe régulièrement dans les rues pour enlever les détritus et les immondices.

Prescription sanitaire. — Les habitants doivent faire déposer les ordures ménagères dans des récipients *ad hoc* vulgo *Boites-Poubelles.*

Il importe en effet de prendre toutes les mesures favorables à l'hygiène et à la salubrité publique : l'une des plus importantes, sous ce rapport, est sans contredit la propreté des rues et des chemins.

XIV. Syndicat des propriétaires.

Des propriétaires ont formé et constitué un syndicat, régi par la loi du 21 mars 1884.

L'objet de cette association est l'étude et la défense des intérêts économiques de la station balnéaire, ainsi que l'adoption de tous moyens et modes d'organisation propres à en assurer la bonne viabilité, la sécurité et la salubrité.

Le siège social est à Paris-Plage, avec faculté pour l'Administration de désigner Étaples ou Amiens comme lieu de réunion pour la chambre syndicale ou l'assemblée générale.

L'Association est administrée par une chambre syndicale de 17 membres, élus à la majorité des suffrages ; de plus, ils doivent être français et jouir de leurs droits civils. La chambre est renouvelable par tiers tous les trois ans.

Le Syndicat date de cette année (20 janvier 1894).

COMPOSITION DE LA CHAMBRE SYNDICALE

MM.
1. G. LALLOUETTE, fabricant de sucre, à Barbery (Oise), président.
2. L. CORDONNIER, architecte, à Lille, vice-président.
3. E. DUFOREST, architecte, à Douai, secrétaire.
4. L. GARET, directeur d'assurances, à Amiens, trésorier.
(Ces quatre membres composent le Bureau.)
5. TELLIER, ancien magistrat, à Lille.
6. DE BELLOY, propriétaire, à Belloy-sur-Somme.
7. GIBERTON, docteur-médecin, à Gouy-en-Josas (Seine-et-Oise).
8. RAMET, propriétaire-négociant, à Étaples.
9. ROUGERON, entrepreneur, à Cambrai.
10. ERNEST LEGENDRE, propriétaire, à Amiens.
11. LOUIS CORDIER, négociant, à Boulogne-sur-Mer.
12. HUBERT, ingénieur, à Corbie.
13. C. PRÉVOST, entrepreneur, à Étaples.
14. H. DU PARC, propriétaire, à Paris.
15. BOULANT, restaurateur, à Paris.
16. HUBERT, ancien chef de gare à Étaples, hôtel des Dunes, à Paris-Plage.
17. N***.

Pour plus de détails, consulter et lire la brochure écrite à ce sujet.

XV. Société humaine de sauvetage.

Le but poursuivi par la Société est multiple :

1° Donner aux naufragés une assistance prompte et efficace ;

2° Prévenir les accidents dont les baigneurs pourraient être victimes ;

3° Porter secours à toute personne en danger de se noyer, et procurer aux personnes retirées de l'eau les secours propres à les rappeler à la vie;

4° Encourager, par des demandes de décorations, par des récompenses pécuniaires, par des médailles, des lettres flatteuses de remerciements, des éloges publics, et des mentions honorables, les personnes dont les connaissances et le dévouement s'exercent dans le sens de l'institution.

MEMBRES DU COMITÉ-DIRECTEUR, POUR L'ARRONDISSEMENT DE MONTREUIL

MM.

1. De Lhomel, ancien député, président.
2. A. de Rosamel, vice-président.
3. Tournant, notaire, trésorier général.
4. Danvin, avocat, secrétaire.
5. Louis Dacquet, armateur.
6. Émile Macquet, trésorier-régional.
7. Laurent, commissaire général de la marine, en retraite.
8. Delacroix, comptable de la marine.
9. Gérardin, officier de réserve au 21e dragons, vice-secrétaire.

La Société humaine de Montreuil-sur-Mer se divise en deux sections :

1° Berck ;

2° Paris-Plage.

SECTION DE PARIS-PLAGE

Membres de la Commission d'Étaples :

1. A. de Rosamel, président.
2. Maës, trésorier.
3. Ernest Legendre, secrétaire.
4. Roussel, capitaine des douanes, en retraite.

5. Delacroix, comptable de la marine.
6. Guilbert, ancien maire de Cucq.
7. Laurent, commissaire général de la marine, en retraite.

Médecin de la Section :

Docteur Dacquet.

La cotisation ordinaire est de 5 francs par an pour les membres actifs. Celle de 3 francs donne le titre de membre honoraire. Le titre de membre bienfaiteur est réservé aux offrandes inférieures.

Plusieurs souscripteurs, généreux entre tous, versent 10 francs et même 20 francs pour leur quote-part annuelle.

La section de Paris-Plage a commencé à fonctionner en 1890.

Ses ressources pécuniaires sont presque exclusivement fournies par les dons volontaires des baigneurs et des habitants sédentaires.

Voici le tableau récapitulatif des souscriptions recueillies pendant les trois premières années :

1890.	89	souscriptions	696f,50
1891.	106	—	680f,00
1892.	176	—	790f,50

Pendant la même période, les dépenses respectives sont données et relevées dans le tableau suivant :

1890	67f,00
1891	615f,50
1892	1.066f,05

Budget de prévision pour l'exercice 1893 :

Recettes	2.108f,95
Dépenses	1.240f,00
Resterait en caisse. . . .	868f,95

Le service de sauvetage est assuré par un maître-baigneur et trois marins-surveillants : ces marins, vêtus d'un costume spécial facilement reconnaissable, ont à leur disposition deux canots, lesquels sont toujours à flot au moment du bain. En outre, le poste de secours, installé dans une cabine près de la mer, renferme les engins et les médicaments, ainsi que les ustensiles et instruments nécessaires pour les premiers soins urgents à donner aux noyés et aux asphyxiés.

Le premier matériel de sauvetage a été fourni par la *Société humaine ;* il comprend : un canot avec ses accessoires, une cabine roulante, et une cabine-remise.

Actuellement, la section de Paris-Plage est dotée de deux canots de sauvetage.

Le premier canot porte, comme de juste, le nom brillant de *Paris-Plage.* Il a été bénit pompeusement, le dimanche 7 septembre 1890, par l'abbé Déplanque, le vénérable et zélé curé de Cucq, au milieu d'une affluence considérable : c'est un événement mémorable à consigner dans nos annales.

Étaient présents et témoins à cette cérémonie : MM. Delhomel fils, Bigot (maire d'Étaples), Danvin, Laurent, Junot, Ernest Legendre. La poitrine du brave marin Rivet, toute constellée de décorations et médailles, attirait les regards des assistants.

Le canot *Paris-Plage* a été construit, sur les indications de M. Laurent, par Caloin-Caloin (dit *Titisse*), d'Étaples. Tout à la fois léger et solide, il mesure 4m,38 en longueur et 2m,04 en largeur ; son pourtour est de 3 mètres : avec ses couleurs blanches et roses, il fait vraiment coquette figure.

Les comptes rendus annuels de la Société humaine exposent en détail la situation financière et renseignent sur les travaux exécutés. La lecture de ces rapports judicieux, écrits sans prétention et avec une touchante simplicité, est éminemment suggestive.

XVI. Journal périodique.

Paris-Plage, Arcachon du Nord, Écho du Touquet : tel est le titre de la feuille lancée dans le public en 1886, par M. Ernest Legendre.

Le journal a grandi avec une étourdissante rapidité ; il va bientôt entrer dans sa neuvième année d'existence : ses colonnes sont libéralement ouvertes aux écrivains, aux nouvellistes et aux reporters de bonne volonté.

XVII. Halle et Marché couvert.

Ce marché est situé à l'angle nord-est des rues Lens et de Londres. Quoique destiné aux détaillants, et d'autre part convenant à toutes sortes de denrées et victuailles, il n'a guère été utilisé jusqu'à présent.

Les fournisseurs qui tiennent boutique à la plage sont déjà nombreux; mais l'acheteur profite toujours de la concurrence.

On a encore la ressource d'aller s'approvisionner à Étaples; ceux qui possèdent un équipage et ont beaucoup de bouches à nourrir emploient souvent ce moyen.

Le marché se tient à Étaples, deux fois la semaine : le mardi et le vendredi ; il est ouvert depuis 7 heures du matin jusqu'à midi.

XVIII. Bains de mer.

1° *Bains à la lame.*

Des cabines sont disposées sur le rivage. Elles sont commodes pour l'échange des vêtements, les soins de propreté et de toilette.

Moyennant une rétribution convenue, des maîtres-baigneurs accompagnent dans la mer les personnes qui veulent se confier à leur savoir et à leur expérience.

2e *Bains chauds.*

Plusieurs personnes, les femmes âgées notamment, ne peuvent pas prendre de bains froids, surtout en pleine mer. Elles voudraient cependant mettre à profit, pour le plus grand bien de leur santé, les propriétés toniques et vivifiantes de l'onde amère.

M. Duboc a installé, dans son hôtel, quelques baignoires qui sont alimentées par l'eau salée.

Puisse son exemple trouver des imitateurs! Car, seul, il ne pourrait suffire aux besoins d'une clientèle de plus en plus envahissante.

XIX. Heures des marées.

Le calendrier postal du département donne les heures de marée pour le port de Boulogne.

Pour connaître les heures correspondantes à Paris-Plage, il faut retrancher 12 minutes aux heures de Boulogne.

Chaque page de l'agenda qui termine le *Guide* fournit les heures de marée à Paris-Plage. La correction a été effectuée. En ajoutant 12 minutes au temps indiqué, on retrouvera la concordance avec Boulogne.

Pour avoir les heures de basse mer, on prend la moitié de la différence qui existe entre deux pleines mers consécutives (l'une ayant lieu le matin et l'autre le soir, ou bien vice versa). Puis on ajoute une heure à cette demi-différence.

Exemple pour le 15 août 1894 :

Pleine mer le soir à	11h 1m
— le matin à	10h 43m
Différence	12h 18m
La moitié =	6h 9m

La basse mer de l'après-midi aura lieu à $7^h 9^m$.

La raison qui justifie cette dernière correction, est que la mer met deux heures de plus à descendre qu'à monter.

XX. Villégiature. — Location.

On trouve facilement à louer tout garnis des appartements, chalets et villas, soit pour un ou deux mois de vacances, soit pour la saison entière.

Les prix pour chalets et villas varient depuis deux cents jusqu'à trois mille francs.

On traite à l'amiable avec le propriétaire ou son représentant.

FIN

b

CHALETS MEUBLÉS A LOUER
pour la saison

1° Les RONCES

Rue de Londres (au coin de la rue Saint-Jean)

Ce Chalet est composé :

AU REZ-DE-CHAUSSÉE. — Cuisine. — Salle à manger. — Salon pouvant servir de chambre à coucher. — Water-Closet et Cave.

AU 1er ÉTAGE. — 2 belles Chambres à coucher avec grand balcon. — Vue sur la mer.

AU 2e ÉTAGE. — 2 belles Chambres à coucher dont une avec balcon. — Vue sur la mer.

POMPE DANS LA COUR

BELLE CABINE SUR LA PLAGE

Prix : **700** francs

2° Les ÉGLANTIERS

Rue de Londres

Ce Chalet est composé :

AU REZ-DE-CHAUSSÉE. — Cuisine. — Grande Salle à manger. Water-Closet et Cave.

AU 1er ÉTAGE. — 3 belles Chambres à coucher dont 2 avec balcon, et vue sur la mer.

AU 2e ÉTAGE. — 2 petites Chambres à coucher.

POMPE DANS LA COUR

BELLE CABINE SUR LA PLAGE

Prix : **700** francs

N. B. — Les RONCES et Les ÉGLANTIERS peuvent être réunis pour ne former qu'un seul chalet.

POUR LA LOCATION S'ADRESSER :

A PARIS-PLAGE { *Au Chalet des Peupliers.*
Au Gardien de la Plage.
A M. Maillard, tapissier.

Boucherie — Charcuterie

TROUSSEL-DELATTRE

Grand'-Place

ÉTAPLES (PAS-DE-CALAIS)

Succursale à PARIS-PLAGE

A l'angle des rues de Paris et St-Jean

On prend les Commandes et on les porte à Domicile

BIÈRES de toutes Qualités

S. DELAPORTE

BRASSEUR

Rue de Rosamel

à ÉTAPLES

MAISON FONDÉE EN 1754

Livraison tous les jours à domicile

Dépôt à PARIS-PLAGE :

Chez Monsieur MORVILLERS « Café des Arts »

Isidore ROBERVAL
GARDIEN DE LA PLAGE

Renseignements pour
VENTE & LOCATIONS
DE
CHALETS ET TERRAINS

SURVEILLANCE
de
PROPRIÉTÉS
A PARIS-PLAGE
(PAS-DE-CALAIS)

HOTEL DE PARIS
Rue de Londres
A PARIS-PLAGE

LEON STREET, PROPRIÉTAIRE
GASTON DELÂTER
Successeur

RESTAURANT
à la Carte et à Prix fixe

TABLE D'HOTE A MIDI ET A 6 H. 1/2

Déjeuner 2 fr. 50 — Dîner 3 fr.
Bière comprise

B NNE CUISINE BOURGEOISE
Arrangements pour familles

F. VERDIER
ENTREPRENEUR
DE
CHALETS

Rue de la Paix
A PARIS-PLAGE

ON TRAITE A FORFAIT

BOUCHERIE-CHARCUTERIE

PANNIER-MOREL
Grand'-Place
A ÉTAPLES

SUCCURSALE:
Rue de Paris
A PARIS-PLAGE

On prend les Commandes
Et on livre à domicile

Commerce de Vins en Gros

RAMET Frères

Rue du Général-Obert

ÉTAPLES-sur-MER

(P. D. C.)

Spécialité de **Vins** *en fûts et en bouteilles — Eaux-de-Vie, liqueurs et champagnes* des premières marques. *Huiles* et *Vinaigres, Cristaux, Sels* et *Charbons.*

Ces *Messieurs* sont seuls dépositaires, pour l'arrondissement de *Montreuil*, des grands **Vins de Tokay** et du **Rhum** de **W. Jackson et Cº**, *et pour le* **Canton d'Étaples,** du « **Rhum Négrita** ».

La Maison **Ch. RAMET, Épicerie et Vins,** « au Chalet *Halte-là* », à l'angle des rues de Paris et de Bruxelles, est *seule* chargée de la vente des produits de la *Maison* **RAMET frères**, d'**Étaples**. Toute commande est rendue *immédiatement* à domicile, et toute marchandise laissant à désirer est remplacée aussitôt.

Pour toute commande, adresser les ordres pour toute l'année, à MM. **RAMET frères**, *à Étaples*, et de mai à octobre, indifféremment, soit à *Étaples*, soit à **M. Ch. RAMET**, à *Paris-Plage*, Chalet « *Halte-là* ».

Le Touquet

(PARIS-PLAGE)

Ce domaine est le seul sur le littoral de la Manche qui réunisse une plage d'une longueur de cinq kilomètres et une forêt bordant cette plage ; aussi dès que des terrains y ont été mis en vente, cette station balnéaire a-t-elle pris un accroissement rapide.

Les émanations bienfaisantes des pins qui l'entourent se mêlant à l'air salin, en font une plage exceptionnelle au point de vue hygiénique.

Toutes les mesures ont été prises d'ailleurs pour en assurer la salubrité, ce qui explique que **jamais** *aucune épidémie ne s'y soit produite.*

Cette plage ayant un sable fin, des promenades sur une étendue de 800 *hectares de bois, et n'ayant pas d'hôpitaux à proximité est indiquée tout naturellement pour les enfants.*

OMER MARTEL

MEMBRE DE LA SOCIÉTÉ CENTRALE D'AGRICULTURE DE L'HÉRAULT
MEMBRE DE LA SOCIÉTÉ DES AGRICULTEURS DE FRANCE

Médaille d'Or.

PROPRIÉTAIRE

A

CAZOULS-LES-BÉZIERS

(HÉRAULT)

Médaille d'Or.

Représenté par M. MICHEL MORROT

31, Rue Saint-Jacques, à PARIS

VINS ROUGES	EN BARRIQUES DE 220 A 225 LITRES futaille perdue.	EN 1/2 BARRIQUES DE 110 A 115 LITRES futaille perdue.
Vin de table très vieux.	120 fr.	65 fr.
— vieux.	110 »	60 »
Vin rouge bon ordinaire.	95 »	50 »
— ordinaire.	85 »	45 »

VINS BLANCS DE DESSERT		PAR CAISSES de 12 ou 25 bouteilles En bonbonnes de 25 à 50 litres et en fûts perdus de toute contenance.
Muscat de Frontignan extra.	Le litre ou la bouteille.	3 »
— très vieux.	—	2 »
— vieux.	—	1 50
Alicante-Grenache extra.	—	2 »
VINS BLANCS SECS		
Picardan sec très vieux.	—	0 70
— vieux.	—	0 60
EAUX-DE-VIE		
Vieilles garanties pur vin.	—	2 75
Eau-de-vie nouvelle.	—	1 25

N.-B. — Nos vins et eaux-de-vie sont garantis *purs de raisin frais.* Les prix ci-dessus sont établis *marchandises rendues en gare de départ;* tous frais à la charge du destinataire.

Paiements en mes traites à échéance moyenne de 90 jours net.

AGENDA

DIMANCHE

1er

Ste ÉLÉONORE

MARÉES

MATIN 8h58 | SOIR 9h24

SOLEIL: LEVER 4h2 — COUCHER 8h5

LUNE: D. Q. — LEVER 1h34 M. — COUCHER 6h57 S.

LUNDI
2

Visitation de la S. V.

LEVER 4h3 — COUCHER 8h4

LEVER 2h34 M. — COUCHER 8h8 S.

MARÉES

MATIN 9h53 | SOIR 10h21

	MARDI	N. L.
LEVER 4h4	**3**	
	St ANATOLE	LEVER 3h33 M.
COUCHER 8h4	**MARÉES**	
	MATIN 10h48 | SOIR 11h15	COUCHER 9h2 S.

MERCREDI

4

Ste BERTHE

LEVER 4h4		LEVER 4h57 M.
COUCHER 8h4	**MARÉES**	COUCHER 9h40 S.

MATIN 11h41 | SOIR » »

JEUDI

5

St ATHANASE

LEVER 4^{h}5		LEVER 6^{h}28 M.
COUCHER 8^{h}3		COUCHER 10^{h}7 S.

MARÉES

MATIN 0^{h}6 | SOIR 0^{h}36

VENDREDI
6
Ste LUCIE

Soleil		Lune
LEVER $4^{h}6$		LEVER $7^{h}57'$ M.
COUCHER $8^{h}3$	**MARÉES**	COUCHER $10^{h}27$ M.
	MATIN $0^{h}58$ | SOIR $1^{h}22$	

SAMEDI

7

Ste AUBIERGE

LEVER 4^h6		LEVER 9^h22 M.
COUCHER 8^h2	**MARÉES** MATIN 1^h47 | SOIR 2^h10	COUCHER 10^h43 S.

DIMANCHE

8

Ste ÉLISABETH

LEVER 4h7

COUCHER 8h2

LEVER 10h42 M.

COUCHER 10h59 S.

MARÉES

MATIN 2h34 | SOIR 2h59

	LUNDI	**P. Q.**
LEVER 4h8	**9**	
	Ste BLANCHE	LEVER 0h0 S.
COUCHER 8h1	**MARÉES**	
	MATIN 3h22 | SOIR 3h46	COUCHER 11h13 S.

MARDI
10
Ste FÉLICITÉ

LEVER 4^h^9		LEVER 1^h^16 S.
COUCHER 8^h^1		COUCHER 11^h^28 S.

MARÉES
MATIN 4^h^10 | SOIR 4^h^37

LEVER 4^h10	**MERCREDI** **11** St CYPRIEN	LEVER 2^h31 S.
COUCHER 8^h0	**MARÉES** MATIN 5^h7 | SOIR 5^h41	COUCHER 11^h46 S.

JEUDI
12
St MARCIENNE

LEVER 4^h11 | COUCHER 7^h59

LEVER 3^h45 S. | —

MARÉES
MATIN 6^h16 | SOIR 6^h52

VENDREDI
13
St EUGÈNE

LEVER 4h12		LEVER 4h57 S.
COUCHER 7h58	**MARÉES**	COUCHER 0h8 M.

MATIN 7h28 — SOIR 8h0

SAMEDI

14

St FÉLIX

LEVER 4h13		LEVER 6h4 S.
COUCHER 7h58		COUCHER 0h37 M.

MARÉES

MATIN 8h30 | SOIR 8h58

DIMANCHE

15

LEVER 4^h14 | St HENRI, emp. | LEVER 7^h2 S.

COUCHER 7^h57 | **MARÉES** | COUCHER 1^h14 M.

MATIN 9^h25 | SOIR 9^h51

LEVER 4h15

COUCHER 7h56

LUNDI
16
Ste ESTELLE

MARÉES
MATIN 10h15 | SOIR 10h37

LEVER 7h49 S.

COUCHER 2h3 M.

MARDI

17

St ALEXIS

LEVER $4^{h}16$		P. L.
COUCHER $7^{h}55$		LEVER $8^{h}24$ S.
		COUCHER $3^{h}2$ M.

MARÉES

MATIN $10^{h}57$ | SOIR $11^{h}16$

MERCREDI

18

St FRÉDÉRIC

LEVER 4h17 | LEVER 8h51 S.

COUCHER 7h54 | COUCHER 4h8 M.

MARÉES

MATIN 11h34 | SOIR 11h52

JEUDI
19
St VINCENT de PAUL

LEVER 4^h18 — COUCHER 7^h53

LEVER 9^h11 S. — COUCHER 5^h19 M.

MARÉES

MATIN » | SOIR 0^h8

VENDREDI
20

Ste MARGUERITE

Soleil	Marées	Lune
LEVER 4h19	MATIN 0h25	LEVER 9h28 S.
COUCHER 7h52	SOIR 0h41	COUCHER 6h30 M.

SAMEDI

21

St VICTOR

LEVER 4^h21		LEVER 9^h42 S.
COUCHER 7^h51	**MARÉES**	COUCHER 7^h40 M.

MATIN 0^h58 — SOIR 1^h14

DIMANCHE

22

Ste MARIE-MAGDELEINE

LEVER 4^h22		LEVER 9^h55 S.
COUCHER 7^h50	**MARÉES**	COUCHER 8^h50 M.
	MATIN 1^h31 | SOIR 1^h47	

LUNDI
23
St APOLLINAIRE

LEVER 4^{h}23

COUCHER 7^{h}49

LEVER 10^{h}8 S.

COUCHER 10^{h}0 M.

MARÉES
MATIN 2^{h}3 | SOIR 2^{h}21

MARDI
24
Ste CHRISTINE

LEVER 4^h24 — COUCHER 7^h48

LEVER 10^h22 S. — COUCHER 11^h11 M.

MARÉES

MATIN 2^h39 | SOIR 2^h57

	MERCREDI	D. Q.
	25	
LEVER 4h25	St JACQUES	LEVER 10h38 S.
COUCHER 7h46	**MARÉES**	COUCHER 0h26 S.
	MATIN 3h16 | SOIR 3h37	

JEUDI
26
Ste ANNE

LEVER 4h27		LEVER 10h59 S.
COUCHER 7h45	**MARÉES**	COUCHER 1h45 S.
	MATIN 3h59 — SOIR 4h24	

VENDREDI
27
Ste NATHALIE

LEVER 4^h28 | LEVER 11^h28 S.
COUCHER 7^h44 | COUCHER 3^h8 S.

MARÉES
MATIN 4^h56 | SOIR 5^h30

SAMEDI
28
St INNOCENT

LEVER 4^h29

COUCHER 7^h42

COUCHER 4^h31. S.

MARÉES
MATIN 6^h8 | SOIR 6^h50

DIMANCHE
29
Ste MARTHE

LEVER 4h30
COUCHER 7h41

LEVER 0h9 M.
COUCHER 5h47 S.

MARÉES
MATIN 7h31 | SOIR 8h7

LEVER 4h32	**LUNDI** **30** Ste JULIETTE	LEVER 1h7 M.
COUCHER 7h40	**MARÉES** MATIN 8h42 | SOIR 9h14	COUCHER 6h49 S.

MARDI

31

St IGNACE DE LOYOLA

LEVER 4^h33		LEVER 2^h23 M.
COUCHER 7^h38	**MARÉES**	COUCHER 7^h34 S.
	MATIN 9^h45 | SOIR 10^h16	

	MERCREDI	N. L.
	1er	
LEVER 4h34	St PIERRE ès LIENS	LEVER 3h52 M.
COUCHER 7h37	**MARÉES**	COUCHER 8h5 S.
	MATIN 10h44 | SOIR 11h10	

JEUDI

2

St ALPHONSE de LIGUORI

LEVER 4h36		LEVER 5h25 M.
COUCHER 7h35	**MARÉES**	COUCHER 8h28 S.
	MATIN 11h35 | SOIR 12h0	

VENDREDI

3

Ste LYDIE

LEVER 4^h37		LEVER 6^h54 M.
COUCHER 7^h34		COUCHER 8^h47 S.

MARÉES

MATIN D | SOIR 0^h22

SAMEDI

4

St DOMINIQUE

LEVER 4h38 — COUCHER 7h32

LEVER 8h19 M. — COUCHER 9h3 S.

MARÉES

MATIN 0h45 | SOIR 1h7

DIMANCHE

5

N.-D. des NEIGES

LEVER 4^h40		LEVER 9^h40 S.
COUCHER 7^h31	**MARÉES**	COUCHER 9^h18 S.
	MATIN 1^h28 | SOIR 1^h49	

LUNDI

6

Transfiguration de N.-S.

Soleil		Lune
LEVER 4h41		LEVER 10h59 S.
COUCHER 7h29		COUCHER 9h33 S.

MARÉES

MATIN 2h8 | SOIR 2h28

MARDI

7

Sᵗ ALBERT

LEVER 4h42 | COUCHER 7h28

LEVER 0h16 S. | COUCHER 9h50 S.

MARÉES

MATIN 2h48 | SOIR 3h7

LEVER 4h44	**MERCREDI** **8** Ste LÉONIDE	P. Q. LEVER 1h32 S.
COUCHER 7h26	**MARÉES** MATIN 3h28 | SOIR 3h50	COUCHER 10h11 S.

JEUDI

9

St ALPHONSE

LEVER 4h45

COUCHER 7h24

LEVER 2h47 S.

COUCHER 10h37 S.

MARÉES

MATIN 4h13 | SOIR 4h42

VENDREDI
10
St LAURENT

LEVER 4h47 | LEVER 3h56 S.

COUCHER 7h23 | COUCHER 12h12 S.

MARÉES
MATIN 5h15 | SOIR 5h57

SAMEDI

11

Ste SUZANNE

LEVER 4h48 | LEVER 4h58 S.

COUCHER 7h21 | COUCHER 11h57 S.

MARÉES

MATIN 6h44 | SOIR 7h30

DIMANCHE
12

LEVER 4h49 | LEVER 5h48 S.

DUCASSE DE PARIS-PLAGE

COUCHER 7h19 | —

MARÉES

MATIN 8h9 | SOIR 8h43

LUNDI
13
St HIPPOLYTE

LEVER 4^{h}51 — COUCHER 7^{h}18

LEVER 6^{h}27 S. — COUCHER 0^{h}53 M.

MARÉES
MATIN 9^{h}13 | SOIR 9^{h}39

MARDI
14
St MARCEL

LEVER 4^h52
COUCHER 7^h16

LEVER 6^h56 S.
COUCHER 1^h58 M.

MARÉES
MATIN 10^h3 | SOIR 10^h23

MERCREDI

15

ASSOMPTION

LEVER $4^{h}54$

COUCHER $7^{h}14$

LEVER $7^{h}18$ S.

COUCHER $3^{h}8$ M.

MARÉES

MATIN $10^{h}43$ | SOIR $11^{h}1$

	JEUDI 16 St ROCH	P. L.
LEVER 4h55		LEVER 7h35 S.
COUCHER 7h12	MARÉES MATIN 11h17 | SOIR 11h34	COUCHER 4h20 M.

VENDREDI
17
St AUGUSTE

LEVER 4h56
COUCHER 7h10

LEVER 7h50 S.
COUCHER 5h30 M.

MARÉES
MATIN 11h49 | SOIR » »

SAMEDI

18

Ste HÉLÈNE

LEVER 4h58		LEVER 8h3 S.
COUCHER 7h9	**MARÉES**	COUCHER 6h41 M.

MATIN 0h5 | SOIR 0h19

DIMANCHE
19
St TIMOTHÉE

LEVER 4h59
COUCHER 7h7

LEVER 8h16 S.
COUCHER 7h51 M.

MARÉES
MATIN 0h34 | SOIR 0h49

LUNDI

20

St BERNARD

LEVER 5h1		LEVER 8h29 S.
COUCHER 7h5	**MARÉES**	COUCHER 9h2 M.
	MATIN 1h04 — SOIR 1h19	

MARDI
21
Ste JEANNE

LEVER 5^h^2		LEVER 8^h^44 S.
COUCHER 7^h^3		COUCHER 10^h^15 M.

MARÉES
MATIN 1^h^35 | SOIR 1^h^50

MERCREDI

22

St SYMPHORIEN

LEVER 5^{h}3 | LEVER 9^{h}3 S.

COUCHER 7^{h}1 | COUCHER 11^{h}31 M.

MARÉES

MATIN 2^{h}5 | SOIR 2^{h}22

JEUDI

23

St PHILIPPE

LEVER 5^h5

COUCHER 6^h59

LEVER 9^h27 S.

COUCHER 0^h51 S.

MARÉES

MATIN 2^h40 | SOIR 3^h0

VENDREDI
24
St BARTHÉLEMY

D. Q.

LEVER 5h6
COUCHER 6h57

LEVER 10h2 S.
COUCHER 2h13 S.

MARÉES
MATIN 3h21 | SOIR 3h44

SAMEDI
25
St LOUIS, roi.

LEVER 5h8 — COUCHER 6h55

LEVER 10h51 S. — COUCHER 3h30 S.

MARÉES
MATIN 4h12 | SOIR 4h56

DIMANCHE
26
Ste ROSE

LEVER 5h9
COUCHER 6h53

LEVER 11h57 S.
COUCHER 4h37 S.

MARÉES
MATIN 5h33 | SOIR 6h26

LUNDI
27
Ste EULALIE

LEVER 5h11

COUCHER 6h51

MARÉES
MATIN 7h19 | SOIR 8h03

COUCHER 5h27 S.

MARDI

28

Sᵗ AUGUSTIN

LEVER 5ʰ12 — COUCHER 6ʰ49

LEVER 1ʰ20 M. — COUCHER 6ʰ3 S.

MARÉES

MATIN 8ʰ40 | SOIR 9ʰ13

MERCREDI

29

Déc. de St J.-B.

LEVER 5^h13		LEVER 2^h50 M.
COUCHER 6^h47	**MARÉES**	COUCHER 6^h29 S.
	MATIN 9^h43 | SOIR 10^h11	

LEVER 5h15	**JEUDI** **30** St FIACRE	N. L.
COUCHER 6h45	**MARÉES** MATIN 10h37 | SOIR 11h0	LEVER 4h20 M. COUCHER 6h49 S.

VENDREDI

31

St RAYMOND

LEVER 5^h16 — COUCHER 6^h43

LEVER 5^h48 M. — COUCHER 7^h6 S.

MARÉES

MATIN 11^h22 | SOIR 11^h43

SAMEDI

1er

Ste ANNE

LEVER 5h18		LEVER 7h12 M.
COUCHER 6h41	**MARÉES**	COUCHER 7h22 S.

MATIN » » | SOIR 0h4

DIMANCHE
2
St ÉTIENNE

LEVER 5h19
COUCHER 6h39

MARÉES
MATIN 0h22 | SOIR 0h42

LEVER 8h34 M.
COUCHER 7h37 S.

LUNDI

3

Ste SABINE

LEVER 5h20 — COUCHER 6h37

LEVER 9h54 M. — COUCHER 7h53 S.

MARÉES

MATIN 1h01 | SOIR 1h18

MARDI

4

Ste ROSALIE

LEVER 5h22 — COUCHER 6h35

LEVER 11h13 M. — COUCHER 8h13 S.

MARÉES

MATIN 1h35 | SOIR 1h54

MERCREDI

5

St JUSTINIEN

LEVER 5^h23

COUCHER 6^h33

LEVER 0^h31 S.

COUCHER 8^h37 S.

MARÉES

MATIN 2^h10 | SOIR 2^h28

JEUDI

6

Ste REINE

LEVER 5h25

COUCHER 6h31

LEVER 1h44 S.

COUCHER 9h9 S.

MARÉES

MATIN 2h47 | SOIR 3h6

	VENDREDI	**P. Q.**
	7	
LEVER 5h26	St CLOUD	LEVER 2h50 S.
COUCHER 6h29	**MARÉES**	COUCHER 9h51 S.
	MATIN 3h28 | SOIR 3h53	

SAMEDI

8

Nat. de la Ste VIERGE

LEVER 5^h28

COUCHER 6^h27

LEVER 3^h45 S.

COUCHER 10^h43 S.

MARÉES

MATIN 4^h23 | SOIR 5^h5

DIMANCHE

9

St OMER

LEVER 5^h28 — COUCHER 6^h25

LEVER 4^h27 S. — COUCHER 11^h46 S.

MARÉES

MATIN 5^h59 | SOIR 6^h59

LUNDI
10
St NICOLAS

LEVER 5^h30 | LEVER 4^h59 S.

COUCHER 6^h23 | —

MARÉES
MATIN 7^h49 | SOIR 8^h27

MARDI
11
Ste EUGÉNIE

LEVER 5h32 | LEVER 5h23 S.

COUCHER 6h20 | COUCHER 0h55 M.

MARÉES
MATIN 8h36 | SOIR 9h20

MERCREDI
12
S[t] GUY

LEVER 5^h33

COUCHER 6^h18

MARÉES
MATIN 9^h42 | SOIR 10^h2

LEVER 5^h42 S.

COUCHER 2^h6 M.

JEUDI
13
St AIMÉ

LEVER 5h35 | COUCHER 6h16

LEVER 5h57 S. | COUCHER 3h18 M.

MARÉES
SOIR 10h19 | MATIN 10h36

VENDREDI

14

Exalt. de la Ste CROIX

LEVER 5h36 — COUCHER 6h14

LEVER 6h11 S. — COUCHER 4h29 M.

MARÉES

MATIN 10h52 | SOIR 11h7

SAMEDI
15
St VALÉRIEN

LEVER 5h37		P. L.
COUCHER 6h12		LEVER 6h24 S.
		COUCHER 5h39 M.

MARÉES

MATIN 11h21 | SOIR 11h36

DIMANCHE
16
St CYPRIEN

LEVER 5h39
COUCHER 6h10

LEVER 6h37 S.
COUCHER 6h51 M.

MARÉES
MATIN 11h50 | SOIR » »

LUNDI

17

St LAMBERT

LEVER 5h40		LEVER 6h51 S.
COUCHER 6h8	**MARÉES**	COUCHER 8h4 M.

MATIN 0h5 | SOIR 0h19

MARDI

18

St JEAN CHRYS.

LEVER 5h42		LEVER 7h9 S.
COUCHER 6h6	**MARÉES**	COUCHER 9h20 M.
	MATIN 0h34 | SOIR 0h49	

MERCREDI
19
St JANVIER

LEVER 5^h43 | LEVER 7^h31 S.
COUCHER 6^h3 | COUCHER 10^h40 M.

MARÉES
MATIN 1^h4 | SOIR 1^h20

JEUDI
20
Ste SUZANNE

LEVER 5h45 — COUCHER 6h1

LEVER 8h2 S — COUCHER 0h1 S.

MARÉES
MATIN 1h36 | SOIR 1h54

VENDREDI
21
St MATHIEU

LEVER 5h46
COUCHER 5h59

LEVER 8h45 S.
COUCHER 1h19 S.

MARÉES
MATIN 2h11 | SOIR 2h32

LEVER 5h47	SAMEDI 22 St THOMAS de VILLENEUVE	D. Q. LEVER 9h44 S.
COUCHER 5h57	MARÉES MATIN 2h35 | SOIR 3h21	COUCHER 2h28 S.

DIMANCHE
23
St ANDRÉ

LEVER 5h49 | LEVER 10h59 S.
COUCHER 5h55 | COUCHER 3h23 S.

MARÉES
MATIN 3h53 | SOIR 4h31

LUNDI
24
St GÉRARD

LEVER 5h50 —

COUCHER 5h53 COUCHER 4h2 S.

MARÉES
MATIN 5h24 | SOIR 6h27

MARDI

25

St MAURICE

LEVER 5^h^52 — LEVER 0^h^24 M.

COUCHER 5^h^51 — COUCHER 4^h^32 S.

MARÉES

MATIN 7^h^21 | SOIR 8^h^4

LEVER 5^h53	**MERCREDI** **26** Ste JUSTINE	LEVER 1^h52 M.
COUCHER 5^h48	**MARÉES** MATIN 8^h37 | SOIR 9^h1	COUCHER 4^h53 S.

JEUDI
27
St ADOLPHE

LEVER 5h55	**MARÉES**	LEVER 3h19 M.
COUCHER 5h46	MATIN 9h31 | SOIR 9h57	COUCHER 5h10 S.

VENDREDI
28
St WENCESLAS

LEVER 5h56		LEVER 4h43 M.
COUCHER 5h44		COUCHER 5h26 S.

MARÉES
MATIN 10h18 | SOIR 10h40

	SAMEDI 29	N. L.
LEVER 5h58	St MICHEL, Arch.	LEVER 6h5 M.
COUCHER 5h42	MARÉES MATIN 11h0 | SOIR 11h19	COUCHER 5h41 S.

DIMANCHE
30
St JÉROME

LEVER 5h59
COUCHER 5h40

LEVER 7h27 M.
COUCHER 5h57 S.

MARÉES
MATIN 11h 37 | SOIR 11h55

DATES		RECETTES		DÉPENSES	
1er					
2					
3					
4					
5					
6					
7					
8					
9					
10					
11					
12					
13					
14					
15					
	A REPORTER.				

DATES		RECETTES		DÉPENSES	
	REPORT. . .				
16					
17					
18					
19					
20					
21					
22					
23					
24					
25					
26					
27					
28					
29					
30					
31					
	TOTAUX. . .				

DATES		RECETTES		DÉPENSES	
1er					
2					
3					
4					
5					
6					
7					
8					
9					
10					
11					
12					
13					
14					
15					
	A REPORTER . . .				

DATES		RECETTES		DÉPENSES	
	REPORT. . .				
16					
17					
18					
19					
20					
21					
22					
23					
24					
25					
26					
27					
28					
29					
30					
31					
	TOTAUX. . .				

DATES		RECETTES		DÉPENSES	
1er					
2					
3					
4					
5					
6					
7					
8					
9					
10					
11					
12					
13					
14					
15					
	A REPORTER. . .				

DATES		RECETTES		DÉPENSES	
	REPORT. . .				
16					
17					
18					
19					
20					
21					
22					
23					
24					
25					
26					
27					
28					
29					
30					
	TOTAUX. . .				

RÉCAPITULATION

	RECETTES		DÉPENSES	
Juillet.	....	....	....	....
Août.	....	....	....	....
Septembre . . .	....	....	....	....
Totaux. . . .	....	....	....	....

TABLE DES MATIÈRES

STATION BALNÉAIRE DE PARIS-PLAGE

DESCRIPTION

STATISTIQUE

COMMENT ON SE DISTRAIT A PARIS-PLAGE

Renseignements d'intérêt général et d'ordre administratif.

FIN DE LA TABLE DES MATIÈRES

TABLE DES CARTES ET GRAVURES

A VENDRE A L'AMIABLE

Chalet des Clématites

Rue de Londres à PARIS-PLAGE

(près de l'Hôtel de Paris)

CE CHALET, DE CONSTRUCTION RÉCENTE, EST EN PARFAIT ÉTAT

La contenance du terrain sur lequel est bâti ce Chalet est d'environ 140 mètres, sur lesquels le Chalet lui-même occupe une superficie de 65 mètres.

LE CHALET DES **CLÉMATITES** EST COMPOSÉ DE :

1° **AU REZ-DE-CHAUSSÉE SUR LA COUR.** — Une belle Cuisine. — Une chambre de bonne. — Une grande Cave. — Water-Closet.

2° **AU REZ-DE-CHAUSSÉE SUR LA RUE DE LONDRES.** — Une belle Salle à manger et petit Salon avec vaste Balcon. — Une grande Chambre à coucher et Cabinet de Toilette.

3° **A L'ÉTAGE.** — 4 Chambres à coucher, dont 2 sur la rue avec Balcon. — Vue sur la mer.

POMPE DANS LA COUR

Le terrain sur lequel est bâti ce Chalet est complètement clos par des barrières

ASSURANCE de la COMPAGNIE GÉNÉRALE D'ASSURANCES

POUR VISITER, S'ADRESSER :

A ÉTAPLES : A Mᵉ **OGER**, Notaire, sur la Grand'Place.

A PARIS-PLAGE { A M. Maillard, Tapissier, *rue St-Jean*.
Au Gardien de la Plage, *rue de Paris*.
Au Chalet des Peupliers, *rue St-Jean*.

AU BON MARCHÉ

Maison fondée en 1888

LERICHE

Rue de Paris
à PARIS-PLAGE

ARTICLES DE BAINS — SOUVENIRS DE PLAGE — FAYENCE & VERRERIE

Maillots. — Bérets. — Chaussures. — Mantes. — Bonneterie. — Chapellerie. — Articles de Paris. — Articles de Ménage. — Batterie de Cuisine. — Mercerie — Parfumerie, etc.

DYNAMOGÈNE

DYNAMOGÈNE A. TEISSONNIÈRE

KINA - COCA - COLOMBO

PHARMACIEN DE PREMIÈRE CLASSE

21, Rue de Berlin, 21, PARIS

Exciter l'appétit, rétablir les forces perdues, faciliter la digestion, débarrasser le sang de toutes les âcretées ou humeurs qu'il renferme, tels sont les effets bienfaisants obtenus par l'emploi de notre **Dynamogène**.

Malades atteints d'un mal réputé chronique ou incurable, adolescents, vieillards, personnes faibles ou délicates, sans appétit et sans forces, ayez recours à ce **fortifiant par excellence, à ce véritable régénérateur du sang.**

MODE D'EMPLOI : Pour les adultes, un verre à madère avant chaque repas; pour les enfants, un verre à liqueur avant chaque repas.

PRIX DU LITRE : 5 FRANCS

Léon CIEUX

55, rue Montorgueil, 55
PARIS

INVENTION NOUVELLE

Le parfait **Poche-Œufs** universel.
— Réussite infaillible en trois minutes.
— Économie prouvée 40 %.

APPAREIL
N° 1 pour pocher 1 œuf. . . . . . 3 fr.
N° 2 — 2 œufs. } à la fois 5 »
N° 3 — 3 œufs. } 7 »
N° 4 — 4 œufs. } 9 »
N° 5 — 6 œufs. } 12 »

ASSAISONNEMENT PRÉCIEUX

10 Médailles Or & Argent

Épices parisiennes de Léon CIEUX

LES SEULES EMPLOYÉES
par les Célébrités culinaires

Prix du flacon : 1 25 — Franco : 1 40

CONDIMENT SANS RIVAL

4 Diplômes d'Honneur

Escompte pour MM. les Restaurateurs

ENVOI DU CATALOGUE SUR DEMANDE

DESSINS
PEINTURE PASTEL AQUARELLE
C. FROMENT
ARTISTE-PEINTRE
8
Rue Crébillon
PARIS
LEÇONS PARTICULIÈRES

PARIS-PLAGE

ÉGLISE — SÉMAPHORE (Télégraphe public)

PHARES ÉLECTRIQUES

SERVICE DE SECOURS DE LA SOCIÉTÉ HUMAINE

APPROVISIONNEMENTS FACILES

PÊCHE A LA CREVETTE

EAU DOUCE TRÈS PURE

PROMENADES SUPERBES

VOITURES — ANES

Chalets à louer

CINQ HOTELS

9e ANNÉE 1 FR. POUR LA SAISON UN N°, 10 C.

PARIS-PLAGE

ARCACHON DU NORD

Écho d'ÉTAPLES et du TOUQUET

JOURNAL NON POLITIQUE

PARAISSANT LE DIMANCHE

Directeur-Fondateur :

ERNEST LEGENDRE

Rédacteur Principal :

MAURICE GARET

Collaborateurs : Tous les Baigneurs de bonne volonté

ANNONCES COMMERCIALES :

Depuis 5 francs pour toute la Saison

www.ingramcontent.com/pod-product-compliance
Ingram Content Group UK Ltd.
Pitfield, Milton Keynes, MK11 3LW, UK
UKHW020440200726
13857UKWH00002B/499